RUI MOTTA

BATERIA
EM TODOS OS NÍVEIS

Nº Cat.: BQ218

Irmãos Vitale Editores Ltda.
vitale.com.br
Rua Raposo Tavares, 85 São Paulo SP
CEP: 04704-110 editora@vitale.com.br Tel.: 11 5081-9499

Supervisão:
Sergio Quaino

Planejamento Gráfico:
Luciano Alves Produções Artísticas

Editoração Gráfica:
Luciano Alves

Revisão:
Rui Motta
Luciano Alves
Sergio Quaino

Capa:
Joel Cocchiararo

Foto:
Ricardo Elkind

Acabamento:
José Eduardo Cordeiro Alves

* * *

Printed in Brazil / Impresso no Brasil

CIP-BRASIL. CATALOGAÇÃO NA FONTE
SINDICATO NACIONAL DOS EDITORES DE LIVROS - RJ.

M875b

Motta, Rui Castro, 1951-
Bateria em todos os níveis : aprendendo a ler e escrever a linguagem rítmica da música, equilíbrio das mãos controle e emancipação dos membros, fluência rítimica e motora, polirritmia/ Rui Castro Motta. - 1. ed. - São Paulo : Irmãos Vitale, 2013.
76 p. : il. ;31 cm.

ISBN 978-85-7407-402-3

1. Bateria (Música) - Instrução e estudo. 2. Bateria (Música) - Métodos. I. Título.

13-02400 CDD: 784.9
CDU: 780.651.1

24/06/2013 25/06/2013

* Este livro foi composto através de processo de Editoração Eletrônica (DTP) com caracteres Petrucci e Times New Roman.

ÍNDICE

Rui Motta

Nascido em Niterói (RJ) em 15 de Julho de 1951, **Rui Motta** é um baterista autodidata que ampliou suas possibilidades de trabalho até às áreas de composição e arranjo, motivado por uma grande paixão pela música que naturalmente despertou em sua vida a necessidade de novas formas de expressão.

Nos anos 70 integrou a banda **Mutantes**, antológico grupo de grande importância no cenário musical do país. Com essa banda gravou, entre outros, o LP **Tudo Foi Feito Pelo Sol**, recordista de vendas naquela época. Nos anos 74 e 75 recebeu o prêmio **Baterista Do Ano** em concurso público promovido pela revista **Rock.**

Desde 1968 vem atuando em gravações e shows no Brasil e no exterior ao lado de grandes artistas da MPB e de outros países, além de realizar como músico integrante ou convidado, trabalho com bandas de estilos diversos e música instrumental, passando por trilhas sonoras para cinema, TV, teatro e jingles.

Com formação musical diversificada, estudou piano e harmonia. Esses estudos lhe proporcionaram o embasamento para compor e arranjar as músicas de seu primeiro disco solo **Mundos Paralelos**, gravado pela **Niterói Discos**, o qual contou com o apoio da crítica e com boa execução radiofônica no sul e leste do país. A partir desse lançamento, vem apresentando com seu grupo **Rui Motta e Banda**, um show de alto padrão musical, reunindo composições instrumentais e arranjos de sua autoria, em contraponto com músicas com letra de outros autores.

O presente método, definitivamente implantado, representa um marco pioneiro no catálogo nacional do gênero, tendo propiciado a **Rui Motta** a oportunidade da realização de inúmeros *"workshops"* e cursos, onde transmite seus conhecimentos acumulados em 25 anos de atividades artísticas.

Rui Motta endossa as baterias **Fischer**, as baquetas **Ibañez** e os pratos **Octagon.**

Sobre o Método

Este livro foi elaborado espontaneamente, a partir da minha própria necessidade de escrever e praticar alguns tipos de exercícios imprescindíveis ao meu desenvolvimento como instrumentista.

Trata-se de um método de coordenação e independência motora, apresentado em quatro abordagens diferentes - **Equilíbrio das Mãos, Controle e Emancipação dos Membros, Fluência Rítmica e Motora** e **Polirritmia**; com formas e características totalmente diversas e objetivos claros e exclusivos, cujos exercícios procuram sempre que possível, uma excitação rítmica capaz de produzir a emoção típica contida na arte da execução "musical" do instrumento, e portanto, um indispensável aliado no que se refere à sua assimilação e também à motivação necessária para a manutenção da constância e do interesse pelo trabalho.

Foi acrescentado um capítulo sobre teoria musical e divisão rítmica, tendo como alvo a compreensão dos sinais e convenções encontrados especificamente neste livro.

Espero que você possa aprimorar seu conhecimento musical, habilidade técnica e destreza motora, estudando-o com o entusiasmo de quem está aumentando suas possibilidades artísticas, pois foi com esta determinação que ele foi gerado.

Rui Motta

Aos meus pais que sempre me deram

apoio, carinho e compreensão.

PARTE I

APRENDENDO A LER E ESCREVER A LINGUAGEM RÍTMICA DA MÚSICA

Pauta Musical

Pauta Musical ou Pentagrama é o conjunto de cinco linhas, contadas de baixo para cima, e quatro espaços, também contados da mesma maneira, onde escrevemos a linguagem dos instrumentos musicais.

Exemplo:

Clave

Neste livro será usada a Clave de Fá na quarta linha que deve ser precedida da Fração de Compasso em questão.

Exemplo:

Barras de Compasso

São barras que cortam verticalmente a pauta, e determinam a separação dos compassos.

Exemplo:

Barra Dupla

Indica o fim de um período musical ou rítmico. É usada também no final de toda peça musical.

Exemplo:

Ritornello

Indica a repetição do trecho musical ou exercício. Neste livro repita quantas vezes forem necessárias até que esteja apto a passar para o exercício seguinte.

Exemplo:

Sinais de Repetição de Compasso

Utilizamos comumente três Sinais de Repetição de Compasso, a fim de simplificar a escrita musical quando tivermos compassos idênticos seguidos:

Repetir uma vez o compasso

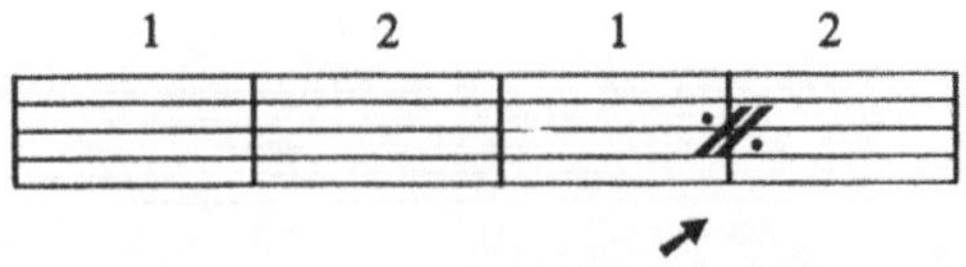

Repetir os dois compassos anteriores

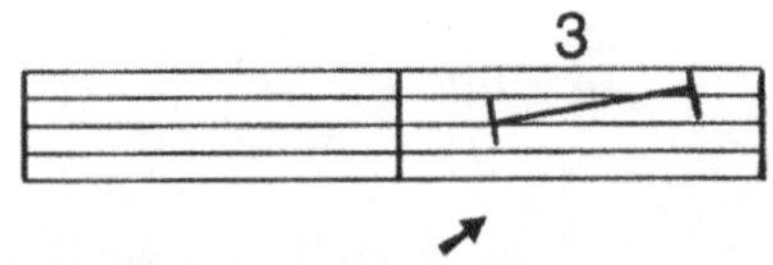

Repetir x vezes o compasso anterior, dependendo do número colocado acima da barra. Neste caso, 3 vezes

Acento

Indica que devemos tocar com maior volume as figuras em que os sinais estiverem aplicados. Na execução de um trecho musical, os acentos proporcionam grande flexibilidade em termos de dinâmica e expressão musical.

Exemplo:

Indicadores de Mãos

Determinam com qual das mãos a figura musical deve ser executada. A letra R, indica que devemos percutir determinada figura com a mão direita e L, com a mão esquerda. As letras indicadoras de mãos são escritas acima ou abaixo da figura e determinam o baquetamento.

Exemplo:

Metrônomo

O Metrônomo é uma espécie de maestro do músico praticante. Ele deverá nos acompanhar em todos os exercícios e assim, nos ajudará a obter maior senso de andamento. Em um conjunto musical, o baterista é o maior responsável pela constância rítmica da música que se está executando. Logo, é de extrema importância que nossos estudos sejam desenvolvidos com o auxílio deste aparelho que funciona como um relógio de velocidade regulável.

A graduação de andamento pode ser ajustada de 40 a 208 bpm (batidas por minuto).

O andamento de 120 bpm por exemplo, indica que o Metrônomo dará 120 batidas em 1 minuto.

O Metrônomo deverá ser colocado onde você possa ouví-lo enquanto pratica, e deve ser acionado após o pleno entendimento do exercício.

A representação do andamento sugerido pelo autor de uma música ou exercício é sempre escrita acima da primeira pauta, indicado, por exemplo, da seguinte forma: ♩ = 110.

Figuras Musicais

São símbolos usados para registrar graficamente a duração do som produzido por um instrumento, seja ele tonal ou atonal. Dependendo do espaço ou da linha onde estas figuras estiverem dispostas na pauta musical, tomam o nome de uma das sete notas. No caso da bateria, por se tratar de um instrumento atonal, usaremos somente os valores quantitativos, dispensando as notas musicais.

Tabela de Valores, Figuras e Pausas

Esta tabela, que deve ser decorada na sequência apresentada, representa os Valores, Figuras Musicais e suas respectivas Pausas. As pausas têm os mesmos valores das Figuras correspondentes. Quando as Pausas aparecem em uma pauta, significa que nenhum som deve ser produzido durante o tempo correspondente às suas durações.

Valor	Figura	Pausa	
1 —	(Semibreve) —		Um traço cheio, abaixo da quarta linha
2 —	(Mínima) —		Um traço cheio, acima da terceira linha
4 —	(Semínima) —		
8 —	(Colcheia) —		
16 —	(Semicolcheia) —		
32 —	(Fusa) —		
64 —	(Semifusa) —		

As figuras musicais servem para representar a duração do som. Elas levam o nome de alguma nota musical somente se colocadas na pauta, e no caso da bateria, as figuras colocadas nos espaços servem para representar os movimentos rítmicos de cada peça do instrumento, como será detalhado mais adiante.

Os valores devem ser imediatamente associados às suas figuras. Toda vez que você pensar na figura da Mínima, pense em 2; na Semínima, pense em 4 e na Colcheia, pense em 8. Isso será essencial para entendermos como funcionam as Frações de Compasso.

Cada figura tem o dobro do valor da seguinte, como pode ser visto no quadro abaixo. Uma Semibreve vale duas Mínimas, que por sua vez vale duas Semínimas. Logo, uma Semibreve vale quatro Semínimas, e assim por diante.

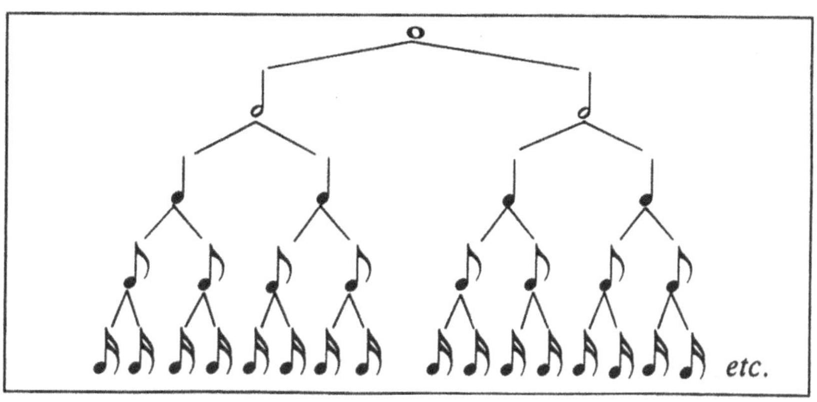

Compasso, Tempo e Andamento

Os compassos determinam a cadência rítmica da música. Esta cadência é sentida instintivamente pelo nosso corpo e reagimos a este estímulo batendo com os pés no chão, balançando a cabeça ou dançando.

Os compassos são formados por Tempos. O samba, por exemplo, pulsa em dois tempos (compasso 2/4). O *rock,* na maioria das vezes pulsa em quatro ou dois tempos (4/4 ou 2/2).

Geralmente, quando batemos com os pés no chão sob um estímulo rítmico, estamos procurando os tempos do mesmo, se já não o achamos de imediato. O fato de batermos com mais ou menos velocidade está diretamente ligado ao andamento da música. Assim, de posse de um metrônomo, podemos definir um andamento procurando no aparelho qual a pulsação que mais se aproxima da velocidade que batemos com os pés.

Dependendo do número de tempos, os compassos podem ser: Binário (dois tempos), Ternário (três tempos) e Quaternário (quatro tempos). Podemos ter ainda compassos de cinco, seis, sete ou mais tempos.

Estes três componentes básicos da música estão sempre interligados. Os compassos são formados por tempos e a velocidade com o qual são contados os tempos, determina o andamento da música.

Fração de Compasso

Agora vamos ver o que significa e qual a função da Fração de Compasso, começando pelo numerador que indica a quantidade de tempos contidos em um compasso.

Exemplo: No compasso 2/4 (dois por quatro), o numerador indica dois tempos. Teremos então uma sequência de compassos de dois tempos e contaremos: um, dois, *etc.* Já no compasso 4/4 (quatro por quatro) temos quatro tempos como indica o numerador.

No quadro maior da página anterior, os números 2, 4 e 8, colocados à esquerda das figuras determinam qual a figura que equivale a um tempo. Estes números são os mais encontrados nos denominadores das Frações de Compasso. O primeiro passo a dar quando olhamos uma Fração de Compasso é verificar o denominador, que indica qual é a figura que vale um tempo.

Exemplo 1: No compasso 4/4, o denominador (4) indica a figura da Semínima, conforme a tabela mencionada. Isto quer dizer que teremos a Semínima como Unidade de Tempo, ou seja, um tempo é igual a uma Semínima. O numerador, também representado pelo número quatro, indica o número de tempos. Logo, teremos quatro Semínimas em cada compasso.

Exemplo 2: Pelo mesmo raciocínio, teremos três tempos de Semínima no compasso 3/4.

Escrevendo os Compassos

Vamos agora fazer a seguinte experiência: pegue o metrônomo e coloque-o na marca de 60 bpm. Caso você não tenha, pegue um relógio e observe a contagem dos segundos. Eles passam na mesma velocidade das batidas do metrônomo na marca de 60 bpm. Imagine o Bumbo da bateria tocando junto com as batidas do metrônomo (ou com os segundos do relógio). Conte até quatro repetidamente, junto com as batidas do aparelho e do Bumbo. Agora considere que essas batidas do Bumbo (escritas no primeiro espaço da pauta), são equivalentes às quatro Semínimas que formam os tempos do compasso 4/4.

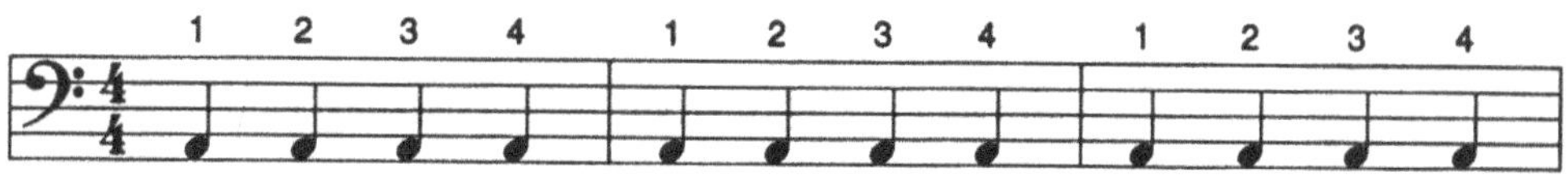

etc.

Os números acima das Semínimas foram colocados apenas para ilustrar a contagem dos quatro tempos de cada compasso. Se quisermos escrever quatro compassos com um Bumbo a cada tempo, teremos:

Como os quatro compassos são iguais, podemos utilizar o sinal de repetição de compassos:

Ainda seguindo as batidas do metrônomo, se passarmos a contar até três e tocarmos o Bumbo junto, repetidas vezes, passaremos a sentir o compasso 3/4, que na pauta fica assim:

etc.

Voltemos ao compasso 4/4. Vamos substituir os Bumbos do segundo e quarto tempo pela batida na Caixa, que é escrita no terceiro espaço da pauta. A nova batida ficará assim:

etc.

Fica faltando acrescentar somente o Contratempo, que é escrito com um "x" acima da última linha quando tocado com a baqueta, e abaixo da primeira linha quando tocado com o pé. Vamos tocá-lo com baqueta na mesma figura da Caixa e do Bumbo, ou seja, com a Semínima, formando uma batida com as três peças:

etc.

O que aconteceria se quiséssemos dobrar a figura do Contratempo? Teríamos duas batidas por tempo, ao invés de uma. Note que estamos falando em dobrar o tempo, e não o andamento. Quando dobramos o tempo, colocamos duas figuras **equidistantes** uma da outra, ou seja, com o mesmo intervalo de tempo horário entre elas. Neste caso, essa figura só pode ser a Colcheia, pois conforme a tabela de valores, a Semínima vale duas colcheias.

Logo, ♩ = ♪ + ♪ ou escrevendo as colcheias ligadas: ♩ = ♫

Para o Contratempo escreveremos: 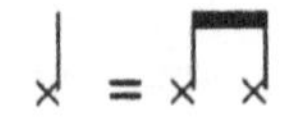

Vamos colocá-lo na pauta para completar a batida:

etc.

Agora, regule o metrônomo na marca 120 bpm. Lembre-se que estamos ainda contando o andamento, no caso as Semínimas, em 60 bpm. Portanto, a marca de 120 bpm refere-se ao desenho do Contratempo que está fazendo a figura dobrada, ou seja, Colcheia.

Agora coloque a mão esquerda a uma distância de 15 centímetros mais ou menos sobre uma mesa e com a direita, bata com uma caneta intercaladamente na mesa e na mão esquerda, acompanhando as batidas do metrônomo.

Este artifício, exemplifica com clareza, a equidistância das batidas citadas anteriormente. O tempo gasto pela caneta para ir da mesa até a mão esquerda é o mesmo na sua viagem de volta, e cada uma das batidas na mesa e na mão esquerda representa uma Colcheia . Se tomarmos o exemplo do relógio, teremos as colcheias valendo meio segundo.

A essa altura, podemos concluir que a Notação Rítmica está ligada ao desdobramento do tempo. Você tem apenas que localizar em qual subdivisão do tempo está o som percutido.

Vamos continuar subdividindo os tempos até chegar à última figura usada nos exercícios (Semicolcheia).

Subdividindo o Tempo em Semicolcheias

Refrescando a memória, estamos tomando como exemplo, o compasso 4/4, no andamento de 60 bpm. Queremos agora dobrar mais uma vez a figura do Contratempo. Por enquanto ele está assim:

etc.

A figura que vale metade da Colcheia é a Semicolcheia, logo podemos substituir cada Colcheia por duas Semicolcheias, e nossa batida ficará assim:

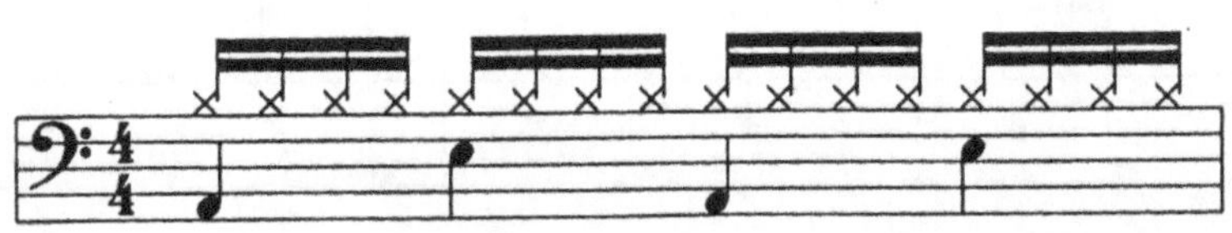

etc.

Note que o Bumbo e a Caixa são tocados sempre juntos com as primeiras Semicolcheias. Elas são o começo do tempo ou Cabeça de Tempo.

O conjunto das quatro Semicolcheias unidas, será tocado no mesmo espaço de tempo horário ocupado pelo conjunto das colcheias, ou de uma Semínima. O andamento permanece inalterado.

No caso do relógio, estamos colocando quatro figuras de Semicolcheia no espaço de um segundo, o que logicamente fará sua mão trabalhar mais, já que estará tocando quatro figuras por tempo.

É importante lembrar que cada nova batida do metrônomo ou dos segundos do relógio, é um tempo novo. Portanto, toda a operação deverá ser repetida e a distância entre a quarta Semicolcheia de um tempo e a primeira do seguinte, é exatamente a mesma.

Se unîssemos todas as Semicolcheias, teríamos:

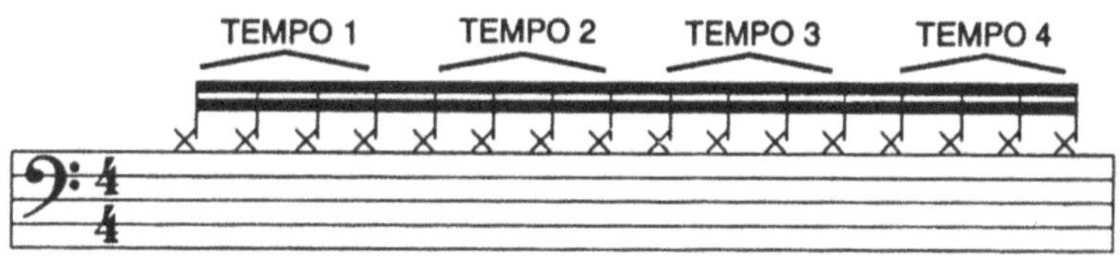

etc.

Apenas separamos as figuras de quatro em quatro, a fim de visualizarmos cada tempo mais facilmente.

Semibreve, Mínima e Pausas

Através de diversos exemplos, agora vamos lidar com as Semibreves e as Mínimas. Nossa batida está assim:

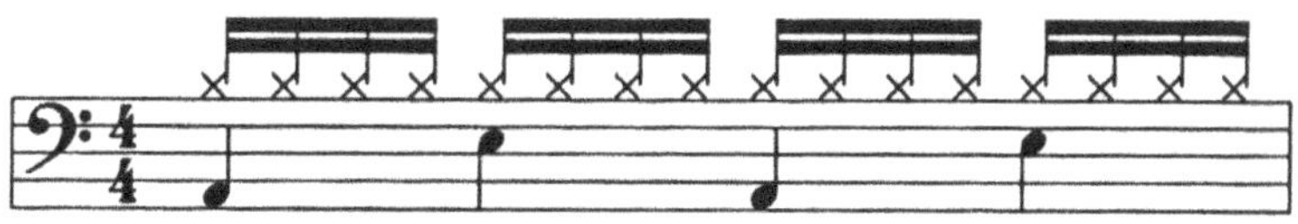

etc.

Se não percutirmos a Caixa nos tempos 2 e 4, teremos duas pausas de Semínima alternadas:

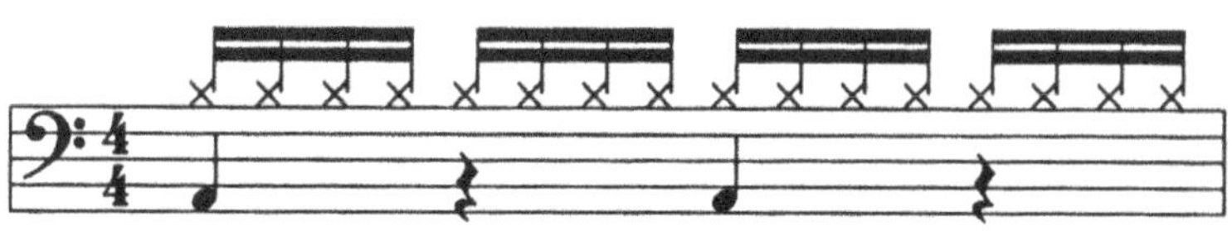

etc.

Como a pausa tem a mesma duração da figura correspondente, poderíamos também escrever assim:

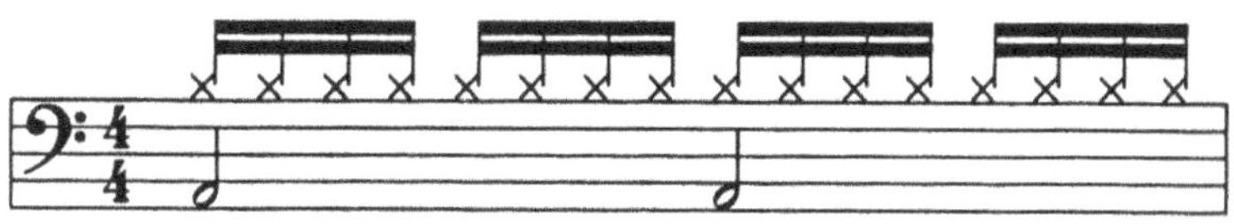

etc.

Porque: ♩ + 𝄽 = ♩ + ♩ = 𝅗𝅥

Observação: Se estivéssemos falando de um instrumento que nos permitisse controlar a duração do som, todo o espaço ocupado pela Mínima (dois tempos), deveria ser preenchido pelo som produzido. Apesar dos tambores da bateria não sustentarem os sons o tempo suficiente para preencher este valor, utilizamos esta figura a fim de obtermos uma escrita limpa e simples. A ilustração seguinte, mostra como seria a escrita mais realista de acordo com a duração do som produzido pelas peças da bateria. Observe que um toque de Bumbo está representado pela Colcheia seguida de pausa da mesma, enchendo a pauta de figuras. A título de notação para bateria, esta escrita torna-se dispensável.

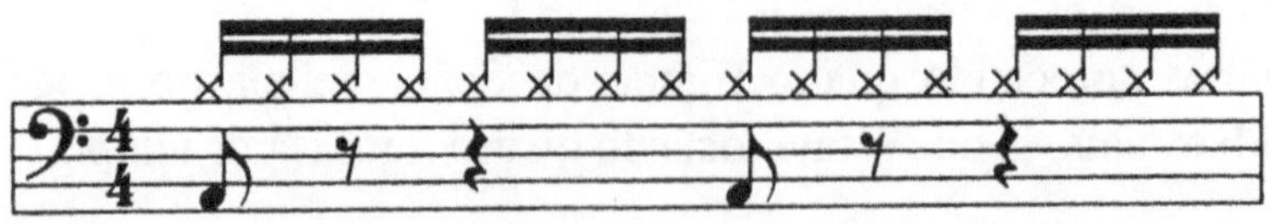

etc.

Voltemos à batida. Vamos tirar o segundo toque do Bumbo e ficar somente com o primeiro:

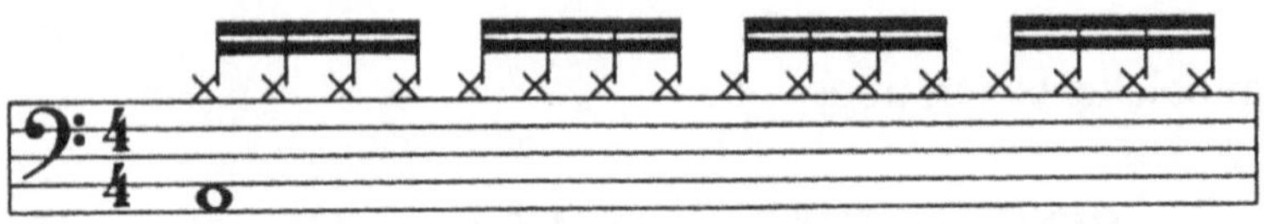

etc.

Também poderia ser escrito assim:

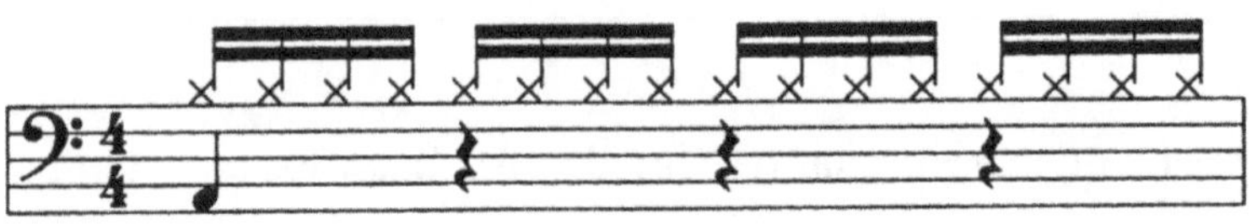

etc.

Ou ainda assim:

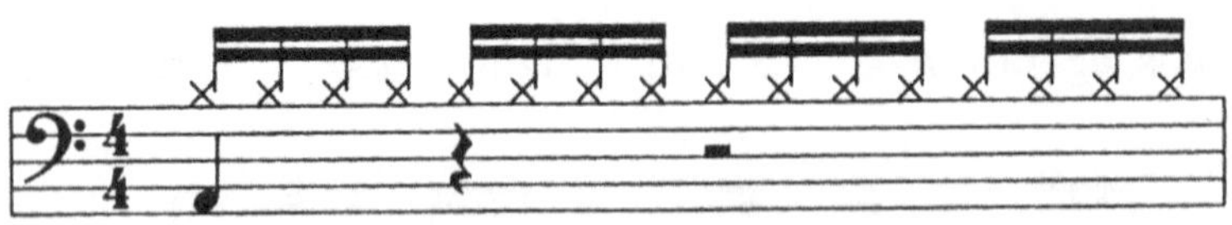

etc.

Entrou em cena a pausa da Mínima (2 tempos), que ajuda a simplificar a escrita, deixando a pauta o mais limpa possível.

Grupos de Figuras

Através do artifício de colocação de uma ou mais pausas de Semicolcheia no grupo  chegaremos a outros grupos muito comuns quando tivermos o denominador 4 em qualquer compasso, e também no 2/2, que se pode escrever como 4/4 porém contado em dois tempos.

1. Pausa na primeira Semicolcheia (Cabeça de Tempo): 

Neste exemplo de batida a pausa é aplicada na primeira Semicolcheia de cada tempo da linha do Contratempo, ocupando as Cabeças de Tempo, no espaço onde estão o Bumbo (tempos 1 e 3), e a Caixa (tempos 2 e 4).

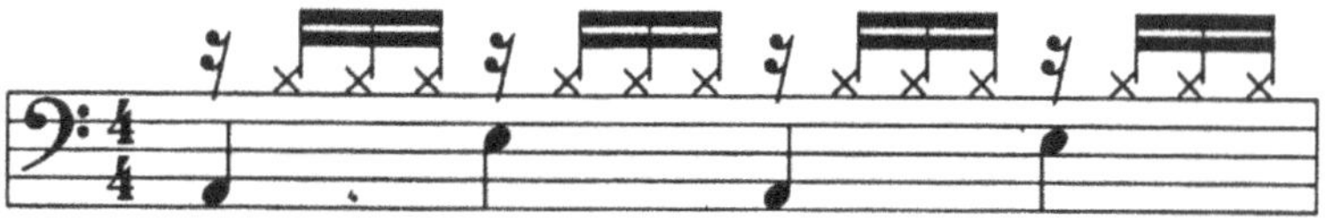

2. Pausa na segunda Semicolcheia: 

Somando as duas primeiras figuras, ou seja, a primeira Semicolcheia com a pausa teremos: 

3. Pausa na terceira Semicolcheia: 

Somando a segunda figura com a pausa teremos: 

4. Pausa na quarta Semicolcheia: 

Somando a terceira com a pausa teremos: 

5. Pausa na primeira e segunda Semicolcheia: 

Somando as duas pausas teremos: 

6. Pausa na primeira e terceira Semicolcheia: 

Somando a segunda e a terceira figura teremos: 

7. Pausa na primeira e quarta Semicolcheia: 

Somando a terceira e a quarta figura teremos: 

8. Pausa na segunda e quarta Semicolcheia: 

Somando a primeira e a segunda, depois a terceira e a quarta figura teremos: 

9. Pausa na primeira, segunda e quarta Semicolcheia: 

Somando a primeira e a segunda figura:  e somando a terceira com a quarta: 

O Ponto de Aumento

Ponto de Aumento é um recurso utilizado para acrescentar meio valor à figura que o antecede.

Exemplo: 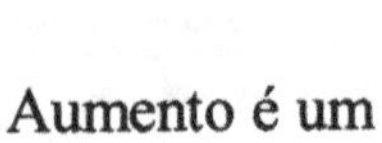

Neste caso, o Ponto de Aumento toma o valor de Semicolcheia.

Com o Ponto de Aumento podemos escrever outros Grupos de Figuras muito utilizados:

1. Pausa na segunda e terceira Semicolcheias: 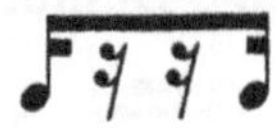

Somando a primeira e a segunda figura teremos uma Colcheia. A terceira vira um ponto: 

2. Pausa na terceira e quarta Semicolcheias: 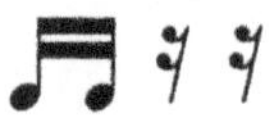

Somando a segunda e a terceira figura teremos uma Colcheia. A quarta vira um ponto: 

3. Pausa na primeira, segunda e terceira Semicolcheias: 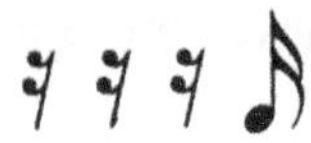

Somando a primeira, a segunda e a terceira figura, teremos uma Colcheia pontuada: 

4. Pausa na primeira, terceira e quarta Semicolcheias: 

Somando a Semicolcheia com a pausa seguinte teremos uma Colcheia.

A última pausa vira um ponto: 

Sugestões e Conclusões

Para terminar, gostaria de dar mais uma sugestão: quando você estiver lidando com as Subdivisões do Tempo é conveniente contá-las com os dedos. Neste livro, usaremos no máximo quatro subdivisões por tempo, ou seja, o grupo de quatro Semicolcheias. Nunca é demais lembrar que se o Denominador do Compasso em questão for 2, esse mesmo grupo será de quatro Colcheias.

O tempo poderá ser dividido em quantas partes a técnica do praticante permitir.

Numere mentalmente quatro dedos de sua mão da seguinte forma: o dedo mínimo = nº 1, o dedo anular = nº 2, o médio = nº 3 e o indicador = nº 4. Cada um deles representa uma Semicolcheia, a partir do dedo mínimo que representa a Cabeça de Tempo (primeira Semicolcheia).

Para localizar em qual subdivisão ou subdivisões está um determinado som, toque em alguma superfície com os dedos, um após o outro a partir do mínimo, e procure perceber em qual dedo (subdivisão) o som coincide.

Pelo processo de colocação de Pausas que acabamos de analisar, reconheça qual o grupo de figuras que deve ser utilizado no tempo em questão.

O que vimos até agora contém tudo que precisamos para compreensão dos exercícios. As informações complementares serão introduzidas oportunamente. Se você partiu do zero no que se refere à leitura musical, as dificuldades normais de principiante irão se apresentar. Releia quantas vezes precisar a primeira parte. Só comece os exercícios quando souber exatamente o que está escrito.

PARTE 2

Equilíbrio das Mãos
Controle e Emancipação dos Membros
Fluência Rítmica e Motora

Equilíbrio das Mãos

"Liberdade sem disciplina é caos. Tudo que você faz, demanda disciplina. Muitos jovens bateristas da atualidade, são realmente bons, mas para estarem no mesmo pique quando tiverem 70 anos, terão que ter muita disciplina."

Art Blakey

Comentários e Objetivos

Os exercícios desta parte intitulados "Exercícios em 2/2 para Caixa" e "Colocamos as Acentuações", deverão ser executados na Caixa com acompanhamento do Contratempo. Eles são apresentados em dois compassos: o primeiro começa com a mão direita e o segundo com a esquerda. Seus objetivos são:

1. Melhorar o balanceamento das mãos e, consequentemente, o equilíbrio necessário para articular as figuras rítmicas. Para tal, a uniformidade de volume entre as batidas é muito importante.

2. Incorporar e desenvolver o uso das batidas duplas (dois toques com o mesmo movimento). Estas deverão ser executadas com o aproveitamento do Rebote, ou seja, com apenas um movimento dos punhos tocamos duas batidas, com o segundo toque em Rebote.

Exemplo: No grupo de figuras  vamos fazer dois movimentos dos punhos.

No primeiro movimento (punho direito) executamos as duas Semicolcheias 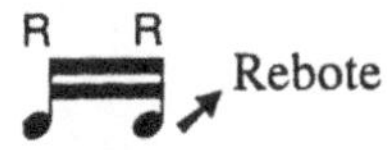 com a segunda em Rebote. No segundo movimento (punho esquerdo) tocamos a Colcheia.

Baquetamento

É a combinação dos movimentos de mãos que são representados pelas letras:

R (para mão direita) **L** (para mão esquerda)

Rim Shot

O *Rim Shot* é a técnica pela qual tocamos com a baqueta batendo ao mesmo tempo no aro e na pele do tambor. Sua utilização será estudada oportunamente.

Como Contar o 2/2

O 2/2 pode ser escrito como 4/4 e é contado em dois tempos de Mínimas. Cada grupo de duas Semínimas completa um tempo, como nos exemplos abaixo:

Exemplo 1

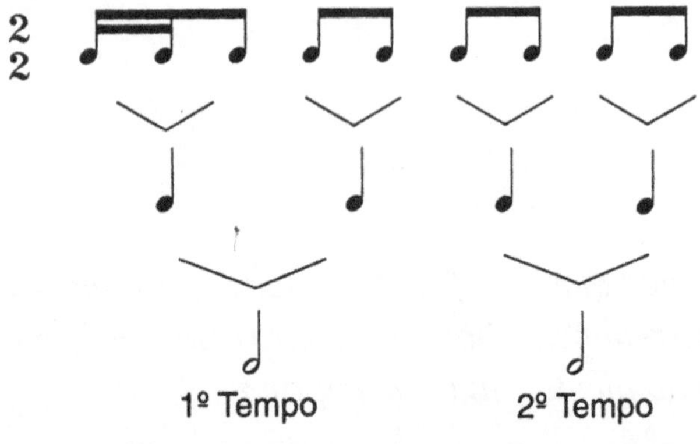

Exemplo 2

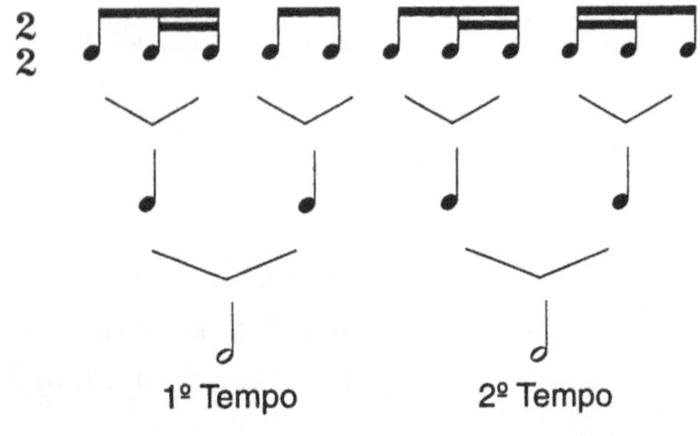

Exercícios em 2/2 para Caixa

Andamento: 160 bpm por Semínima (♩ = 160).

Usaremos o metrônomo dobrado em todos os exercícios em 2/2. Neste compasso, o tempo é contado em Mínimas, mas o metrônomo batendo em Semínimas proporcionará uma contagem melhor.

O Contratempo tocado com o pé faz a marcação das Mínimas, ou seja, uma batida para cada duas do metrônomo. Não teremos sua notação nos exercícios para não congestionar a pauta.

Exemplo: Exercício 1

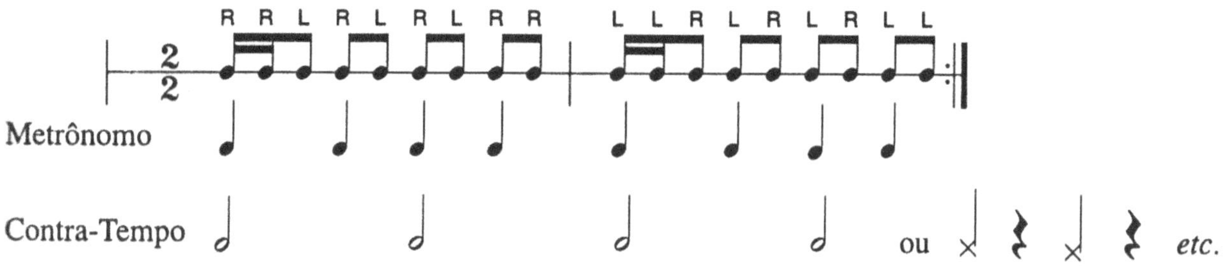

Só acione o metrônomo e o Contratempo depois de ter dominado perfeitamente o baquetamento.

Lembrete: **R** → mão direita e **L** → mão esquerda.

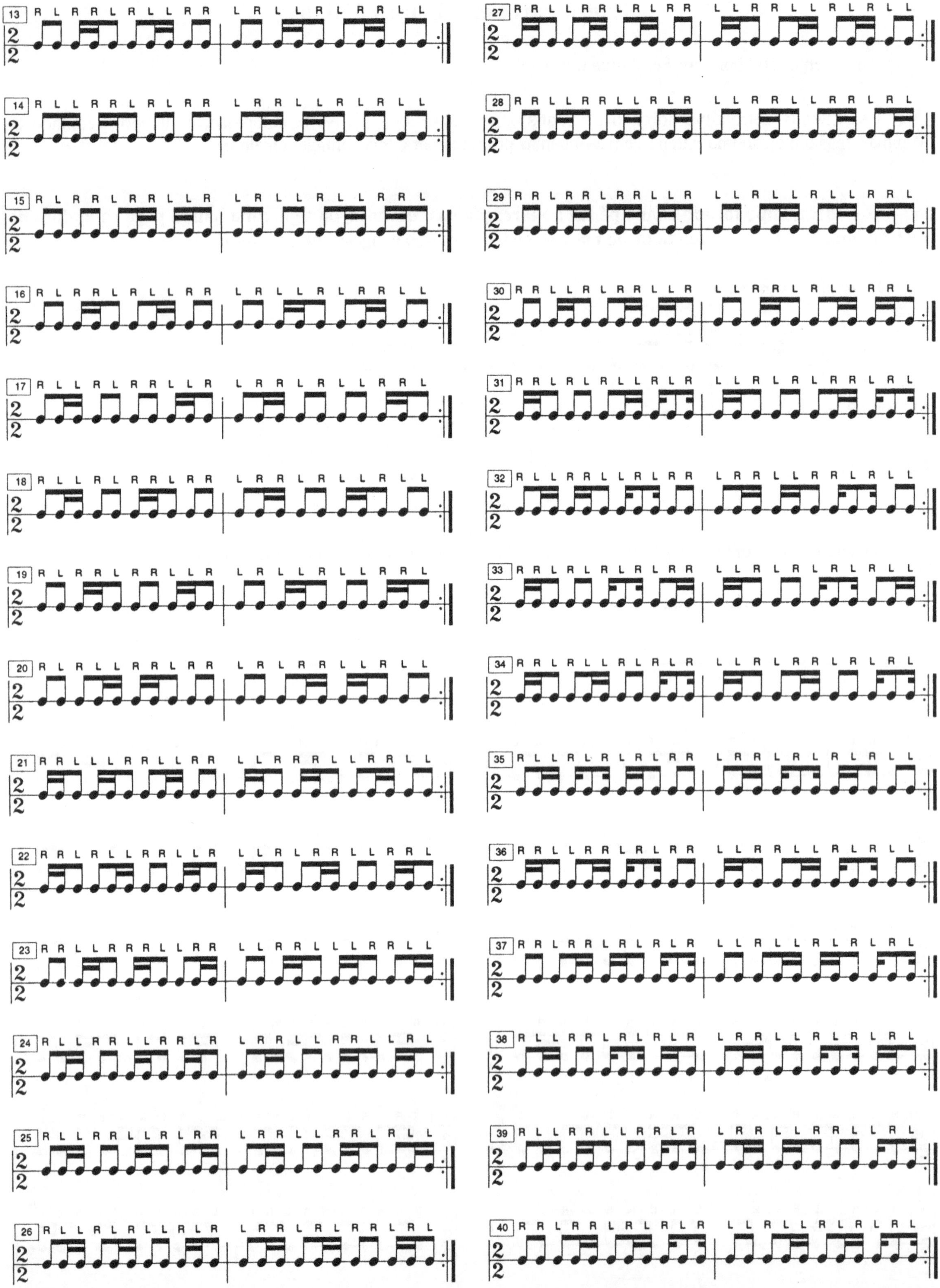
13 R L R R L R L L R R L R L L R L R R L L
14 R L L R R L R L R R L R R L L R L R L L
15 R L R R L R R L L R L R L L R L L R R L
16 R L R R L R L L R R L R L L R L R R L L
17 R L L R L R R L L R L R R L R L L R R L
18 R L L R L R R L R R L R R L R L L R L L
19 R L R R L R R L L R L R L L R L L R R L
20 R L R L L R R L R R L R L R R L L R L L
21 R R L L L R R L L R R L L R R R L L R R L L
22 R R L R L L R R L L R L L R L R R L L R R L
23 R R L L R R R L L R R L L R R L L L R R L L
24 R L L R R L L R R L R L R R L L R R L L R L
25 R L L R R L L R L R R L R R L L R R L R L L
26 R L L R L R L L R L R L R R L R L R R L R L
27 R R L L R R L R L R R L L R R L L R L R L L
28 R R L L R R L L R L R L L R R L L R R L R L
29 R R L R R L R R L L R L L R L L R L L R R L
30 R R L L R L R R L L R L L R R L R L L R R L
31 R R L R L R L L R L R L L R L R L R R L R L
32 R L L R R L L R L R R L R R L L R R L R L L
33 R R L R L R L R L R R L L R L R L R L R L L
34 R R L R L L R L R L R L L R L R R L R L R L
35 R L L R L R L R L R R L R R L R L R L R L L
36 R R L L R R L R L R R L L R R L L R L R L L
37 R R L R R L R L R L R L L R L L R L R L R L
38 R L L R R L R L R L R L R R L L R L R L R L
39 R L L R R L L R R L R L R R L L R R L L R L
40 R R L R R L R L R L R L L R L L R L R L R L

Colocando as Acentuações
(para Caixa)

Estes exercícios exigirão mais atenção em razão das figuras acentuadas que devem ser executadas com a técnica de *Rim Shot*.

Andamento: 160 bpm por Semínima (♩ = 160).

O Contratempo marcará as Mínimas com o pé, como no exercício anterior, e, novamente não foi escrito na pauta a fim de simplificar a notação. Só o acione após ter dominado plenamente o baquetamento.

Lembrete: **R** → mão direita e **L** → mão esquerda.

> Na medida em que você for dominando os exercícios, diminua a intensidade (volume) das batidas. Assim obterá mais controle das mãos.

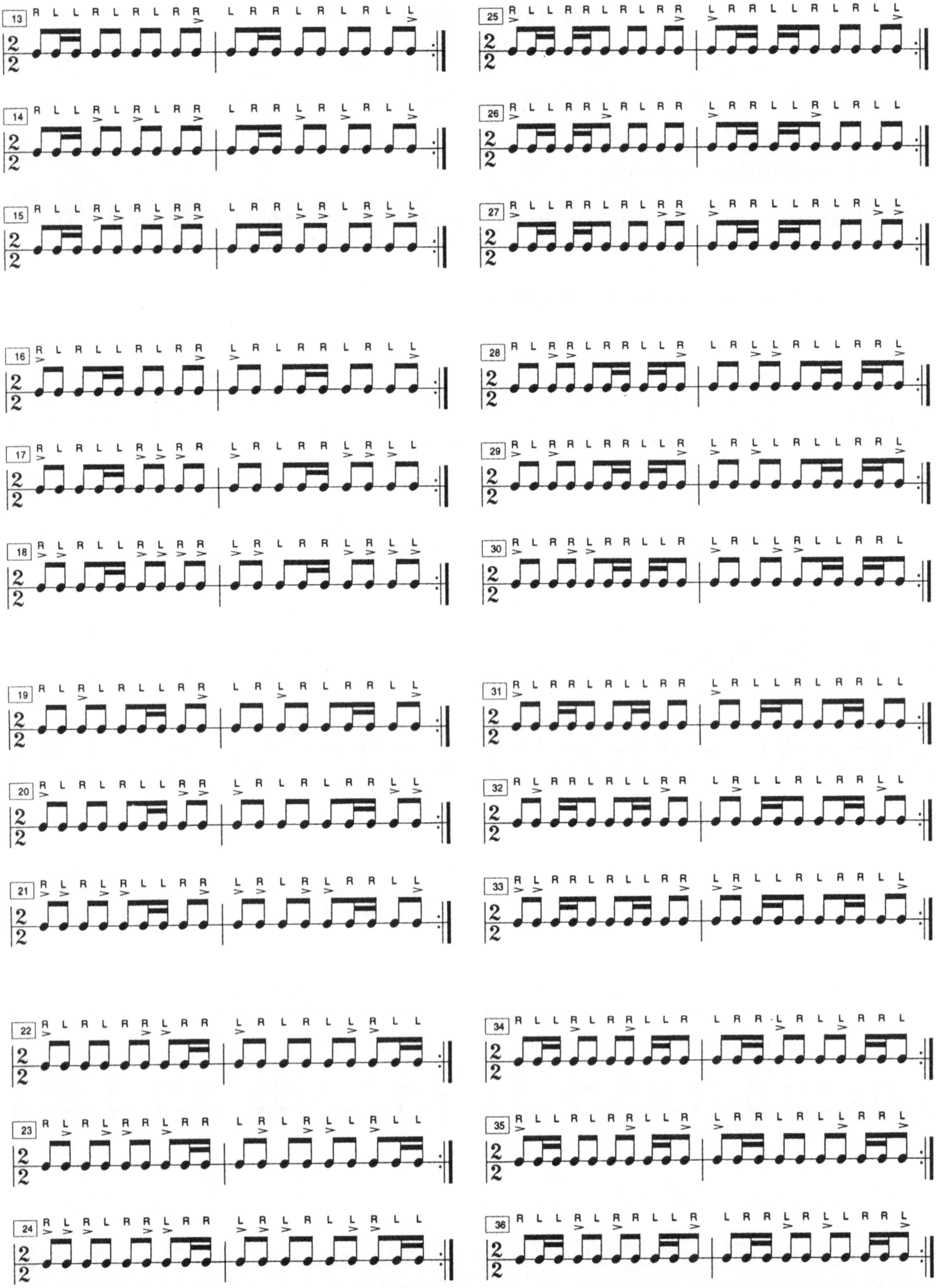
13
14
15
16
17
18
19
20
21
22
23
24
25
26
27
28
29
30
31
32
33
34
35
36

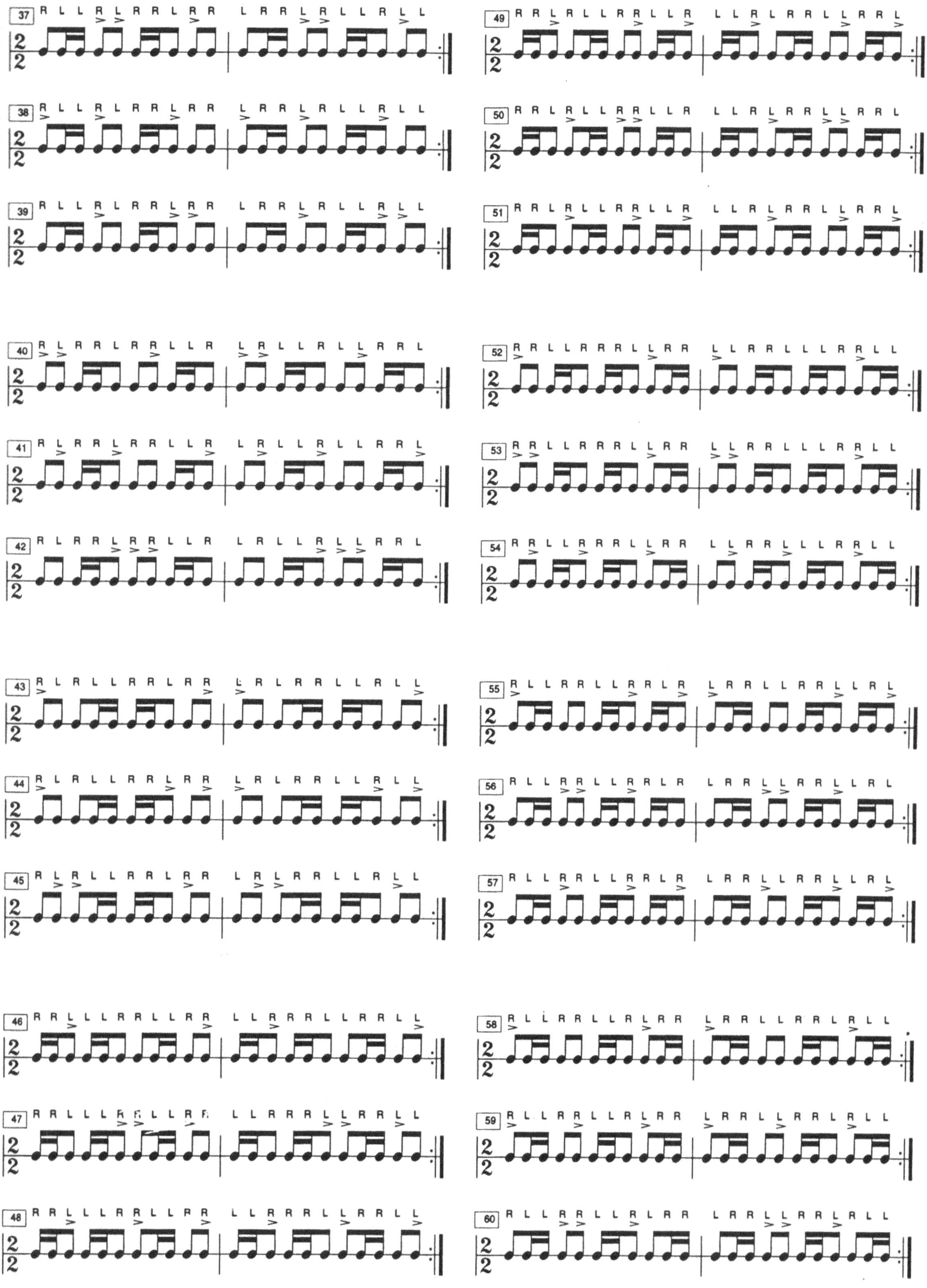

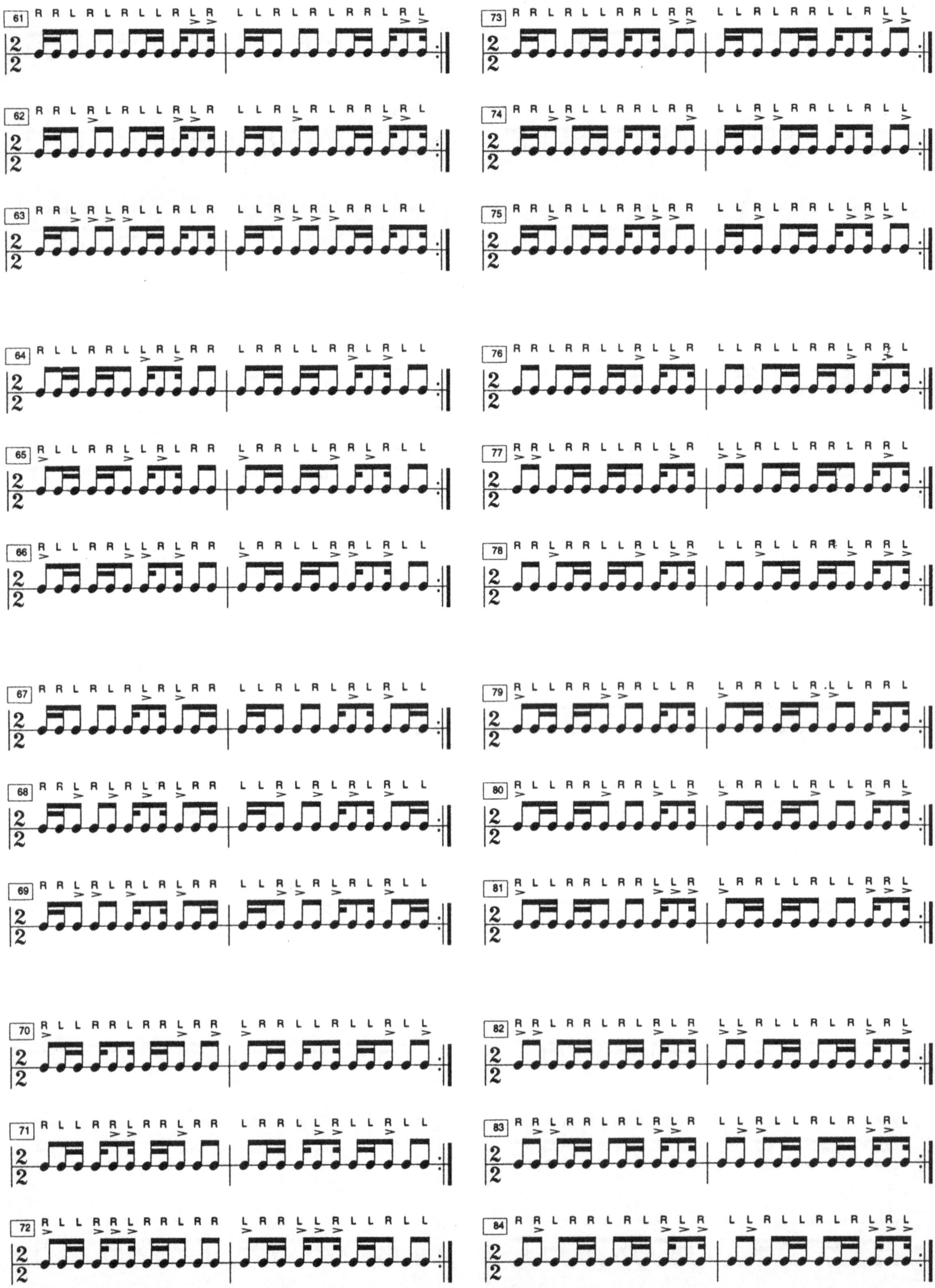
61 R R L R L R L L R L R L L R L R L R R L R L
62 R R L R L R L L R L R L L R L R L R R L R L
63 R R L R L R L L R L R L L R L R L R R L R L
64 R L L R R L L R L R R L R R L L R R L R L L
65 R L L R R L L R L R R L R R L L R R L R L L
66 R L L R R L L R L R R L R R L L R R L R L L
67 R R L R L R L R L R R L L R L R L R L R L L
68 R R L R L R L R L R R L L R L R L R L R L L
69 R R L R L R L R L R R L L R L R L R L R L L
70 R L L R R L R R L R R L R R L L R L L R L L
71 R L L R R L R R L R R L R R L L R L L R L L
72 R L L R R L R R L R R L R R L L R L L R L L
73 R R L R L L R R L R R L L R L R R L L R L L
74 R R L R L L R R L R R L L R L R R L L R L L
75 R R L R L L R R L R R L L R L R R L L R L L
76 R R L R R L L R L L R L L R L L R R L R R L
77 R R L R R L L R L L R L L R L L R R L R R L
78 R R L R R L L R L L R L L R L L R R L R R L
79 R L L R R L R R L L R L R R L L R L L R R L
80 R L L R R L R R L L R L R R L L R L L R R L
81 R L L R R L R R L L R L R R L L R L L R R L
82 R R L R R L R L R L R L L R L L R L R L R L
83 R R L R R L R L R L R L L R L L R L R L R L
84 R R L R R L R L R L R L L R L L R L R L R L

Chave

Usaremos em nossos próximos exercícios, a Caixa, o Prato de Condução, o Bumbo, o Tom-Tom, o Surdo e o Contratempo. Cada uma dessas peças tem um lugar próprio na pauta. Embora existam outras convenções, usaremos:

O Bumbo, no primeiro espaço: 

O Surdo no segundo espaço: 

A Caixa no terceiro espaço: 

O Tom-Tom no quarto espaço: 

O Contratempo tocado com o pé, escrito com "x" abaixo da pauta: 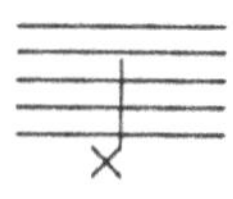

O Contratempo tocado com a mão e o Prato de Condução, escrito com "x" acima da pauta: 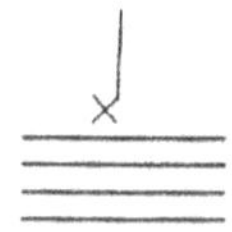

Controle e Emancipação dos Membros

"Algumas vezes quando faço um solo, sinto que estou ficando tenso. Mas uma boa postura e a respiração serena consertam tudo. Acho que a chave da auto-expressão mesmo numa situação de grande volume é o relaxamento total".

Omar Hakim

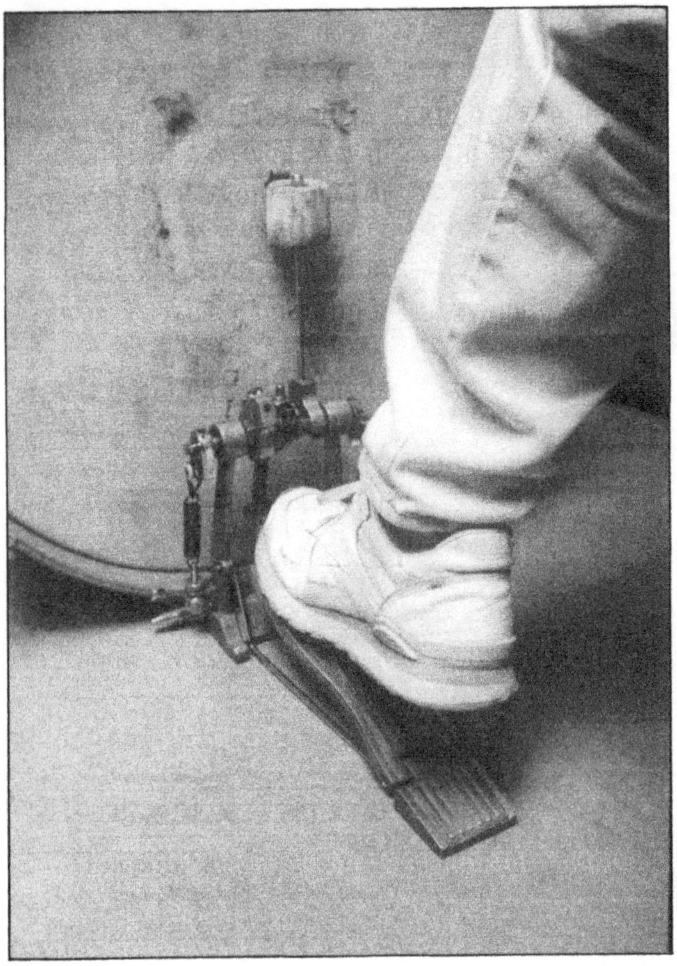

Detalhe da posição do pé direito (esquerdo para os canhotos), a fim de se obter maior volume e velocidade.

Detalhe da posição normal do pé direito.

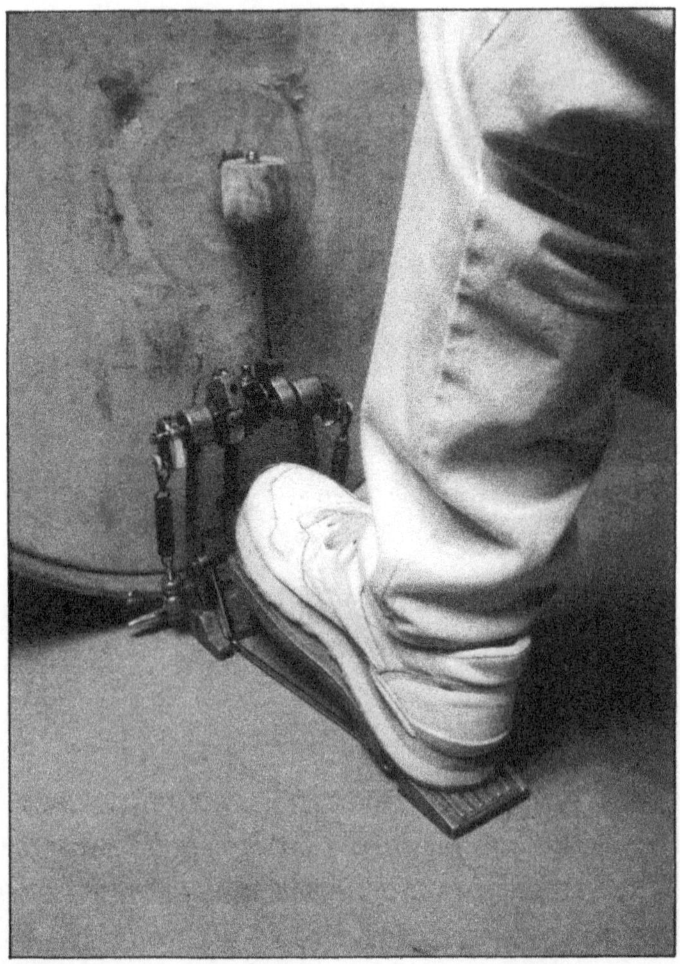

Comentários e Objetivos

Usaremos agora do Controle e Emancipação dos Membros por intermédio de exercícios de características afro (em 12/8) e latina (em 4/4).

Usaremos daqui em diante todas as peças da bateria da forma mais musical possível, mantendo o objetivo principal que é o aperfeiçoamento da destreza motora.

Como Contar o 12/8

O 12/8 é um Compasso Composto cuja origem está no 4/4. No 12/8 temos doze Colcheias agrupadas em quatro conjuntos de três.

Contamos o 12/8 em quatro tempos, onde a unidade é a Semínima pontuada (♩.), como nos exemplos abaixo:

Exemplo 1

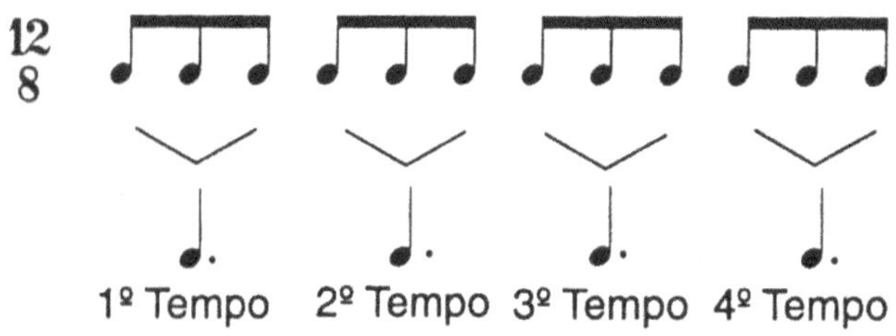

Exemplo 2

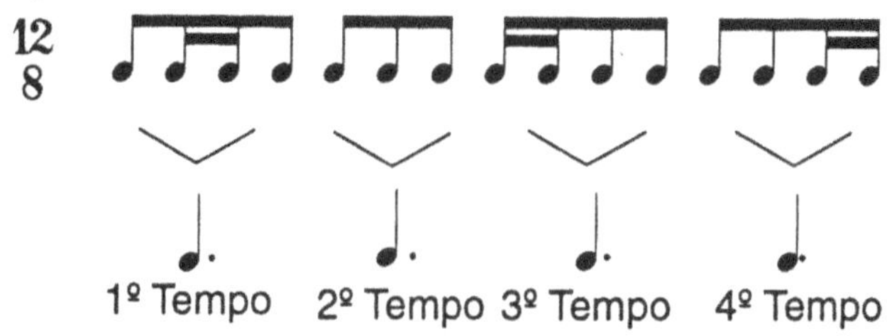

Exercícios em 12/8 (Afros)

Estes exercícios serão apresentados em quatro segmentos:

A - Somente a Caixa

B - Caixa e Prato

C - Caixa, Prato e Bumbo

D - Caixa, Prato, Bumbo e Tom-Tom

Treine as figuras acentuadas com técnica de *Rim Shot*.

Andamento: 120 bpm por Semínima pontuada (♩. = 120). Só acione o metrônomo quando tiver adquirido alguma fluência nos exercícios.

Marque o Contratempo com o pé, com a duração de Semínimas pontuadas. Ele não está escrito na pauta para não congestioná-la.

Ensaie cada exercício primeiramente sem acentuações. Acrescente-as somente após ter dominado completamente os movimentos da batida.

1A
R L L R L R R L R R L R L L
1B
1C
1D
2A
R L L R L L R L R R L R R L
2B
2C
2D
3A
R L L R R L R L R R L L R L
3B
3C
3D
4A
R R L L R L R L L R R L R L
4B
4C
4D
5A
R L L R L R R L R R L R L L
5B
5C
5D
6A
R R L R L R R L L R L R L L
6B
6C
6D

7A
R R L L R L L R L L R R L R R L
7B
7C
7D
10A
R L L R L L R R L R R L R R L L
10B
10C
10D
8A
R R L R L L R R L L R L R R L L
8B
8C
8D
11A
R L L R R L L R L R R L L R R L
11B
11C
11D
9A
R R L R R L R R L L R L L R L L
9B
9C
9D
12A
R L L R L L R R L R R L R R L L
12B
12C
12D

13A
R L R R L L R R L R L L R R L L
13B
13C
13D
16A
R R L R R L L L R L L R L L R R R L
16B
16C
16D
14A
R R L L R L L R L L R R L R R L
14B
14C
14D
17A
R R R L R R L R R L L L R L L R L L
17B
17C
17D
15A
R R L R R L R R L L R L L R L L
15B
15C
15D
18A
R L R R L L R R L R L R L L R R L L R L
18B
18C
18D

Figura 1

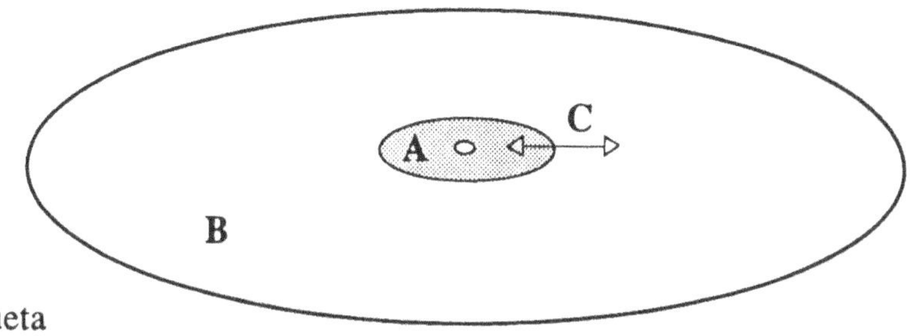

A - Cúpula
B - Corpo
C - Trajetória da baqueta

Figura 2

Rim Shot Latino

Exercícios em 4/4 (Latinos)

Estes exercícios contém dois motivos rítmicos tocados simultaneamente: um para o Prato que se manterá o mesmo em todos os exercícios e outro tocado pelo Bumbo, pela Caixa e pelo Tom-Tom.

As figuras acentuadas serão tocadas na Cúpula do Prato, e se você é destro aconselho usar o lado direito do mesmo, conforme a figura 1 da página anterior. Procure diminuir o trajeto da baqueta entre a Cúpula e o corpo do Prato.

A notação em "x", no terceiro espaço, refere-se ao *Rim Shot* Latino que é o toque da Caixa no aro com a mão apoiada na pele do tambor, como mostra a figura 2 da página anterior.

Andamento: Aumente gradativamente até atingir a marca de 104 bpm (♩ = 104).

O Contratempo toca com o pé as quatro Semínimas do compasso e, mais uma vez, não está escrito na pauta, para não congestioná-la.

Como praticar estes exercícios:

1. Execute somente o motivo do Prato sem acentuação. Mantenha o Contratempo tocando.
2. Exercite várias vezes o motivo das demais peças com a boca, enquanto mantém o motivo do Prato.
3. Mantenha o motivo do Prato, sem parar o Contratempo, e coloque tempo por tempo as outras peças.
4. Aplique gradativamente as acentuações do Prato.

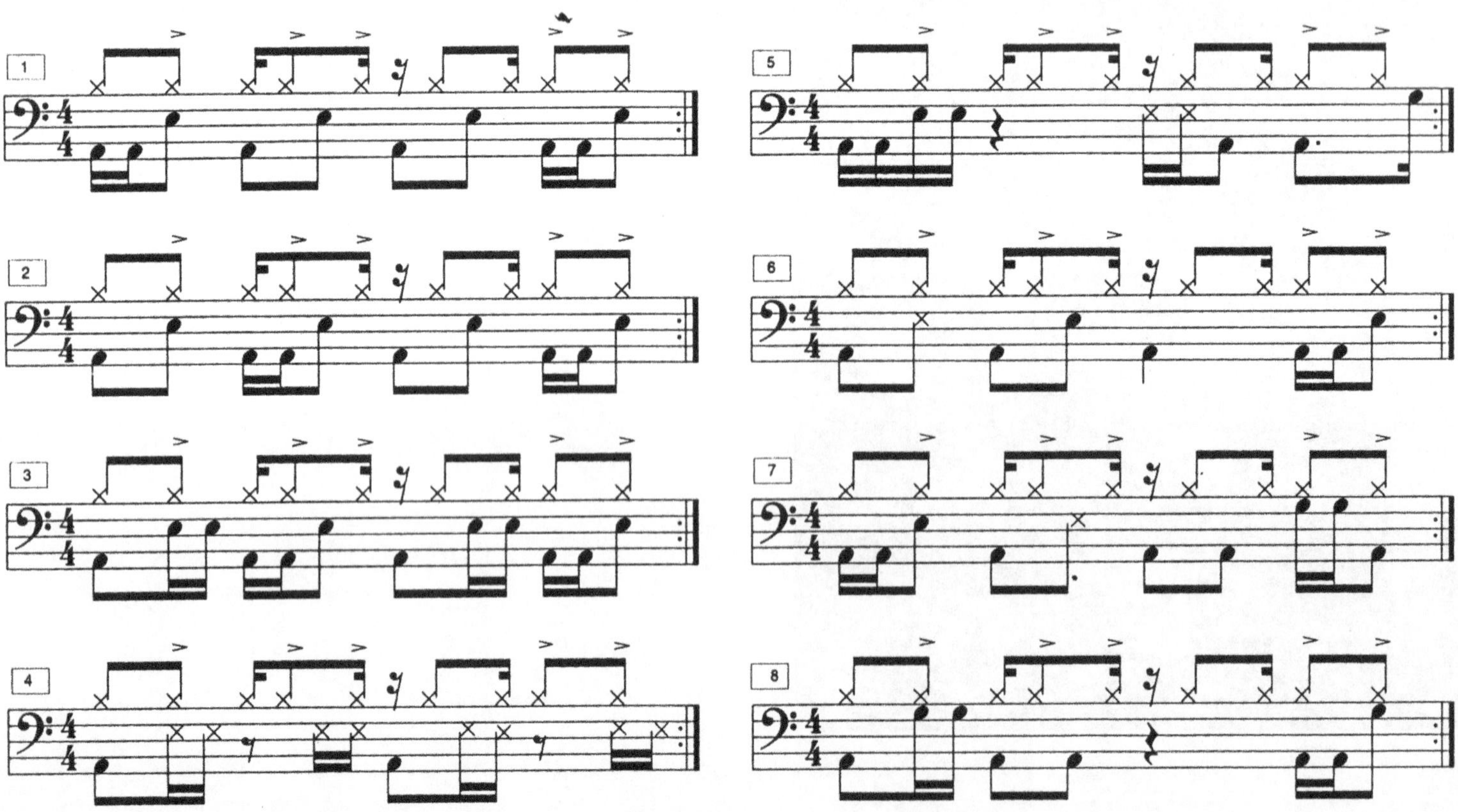

9
10
11
12
13
14
15
16
17
18
19
20
21
22
23
24
25
26
27
28

29

39

30

40

31

41

32

42

33

43

34

44

35

45

36

46

37

47

38

48

Ampliando as Possibilidades Sonoras da Bateria

Cúpula independente,
presa no mesmo tripé
do Prato *Flat*

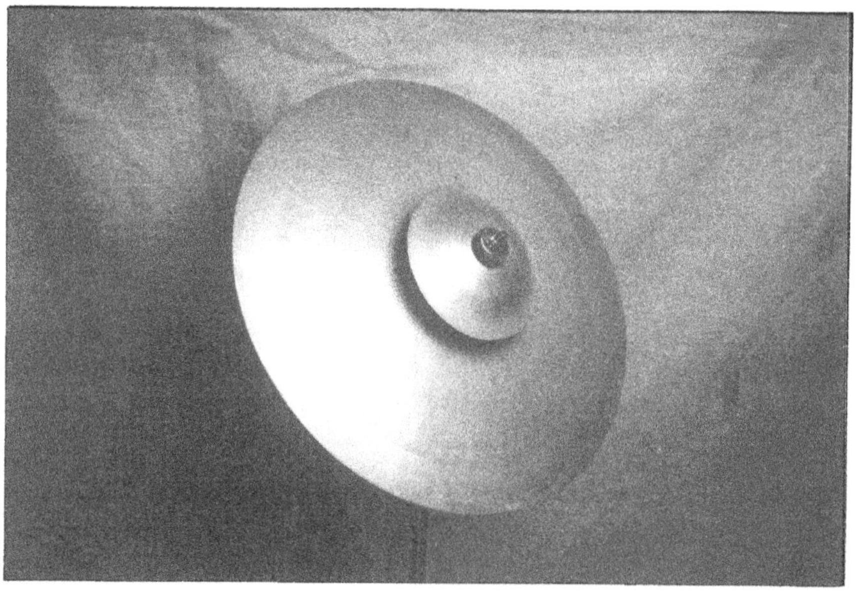

Tamborim adaptado no Surdo

Block e *Cow Bell*
adaptados no tripé do
segundo Contratempo

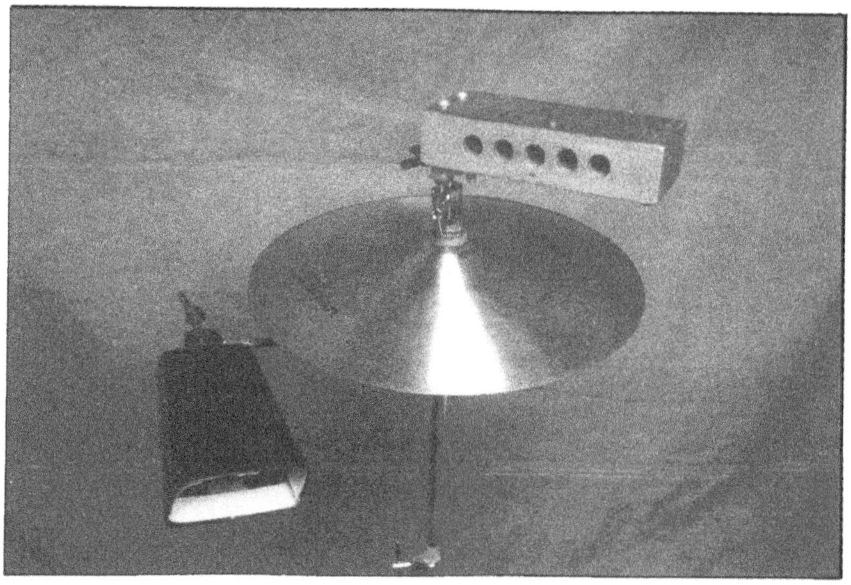

Fluência Rítmica e Motora

"Você não precisa ir a lugar nenhum para obter criatividade e inspiração. Isso é uma coisa sua, você tem isso. Se você é músico, pode ser criativo em qualquer lugar do mundo".

Airto Moreira

Comentários e Objetivos

Estes exercícios são apresentados em três partes e têm a característica da troca das figuras rítmicas que entre si fazem a Caixa e o Bumbo. Isto e mais a extensão da quantidade de compassos dos exercícios, farão com que você tenha a sensação de estar tocando um segmento musical onde a atitude da mudança está sempre presente, e com ela, o desenvolvimento da Fluência Rítmica e Motora.

Como Contar o 6/8

O 6/8 é um Compasso Composto cuja origem é o 2/4. Por isso ele é contado em dois tempos. No 6/8 temos seis Colcheias agrupadas em dois conjuntos de três, formando os dois tempos representados pelas Semínimas pontuadas.

Exemplo 1

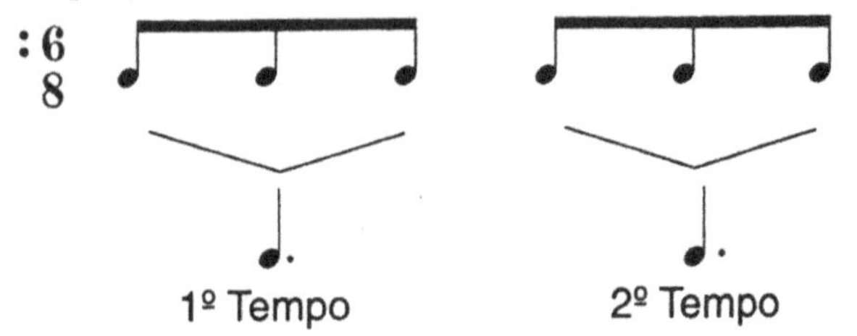

Exemplo 2

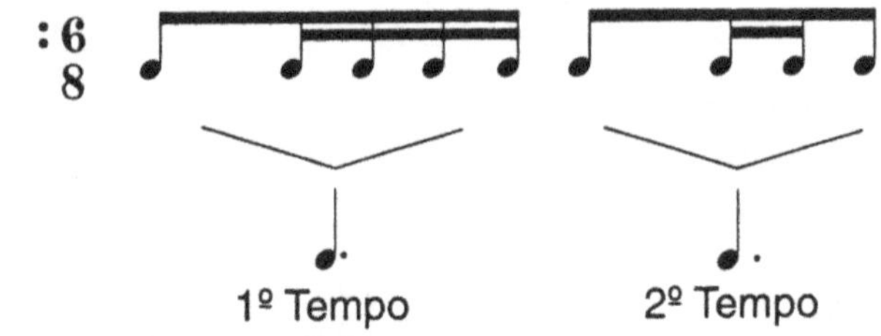

Andamento: 63 bpm por Semínima pontuada (♩. = 63). Só acione o metrônomo quando estiver fazendo fluentemente as emendas dos períodos.

O Contratempo não está escrito na pauta, mas é executado com o pé marcando as Semínimas Pontuadas.

1. Pratique antecipadamente os dois motivos de Prato, da seguinte maneira:

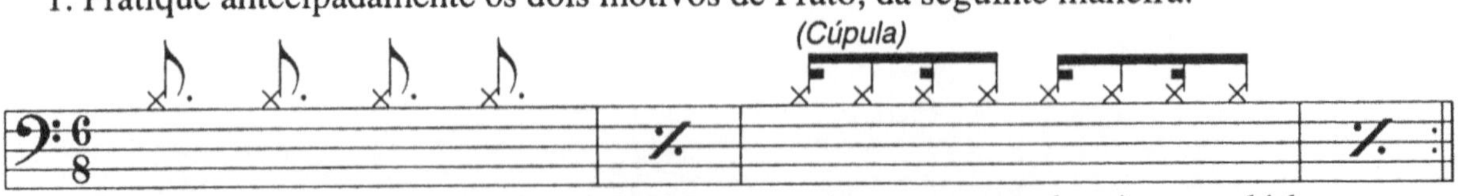

2. Domine cada período (até a barra dupla), separadamente, para depois emendá-los.

Exercícios (*Rock* em 6/8)

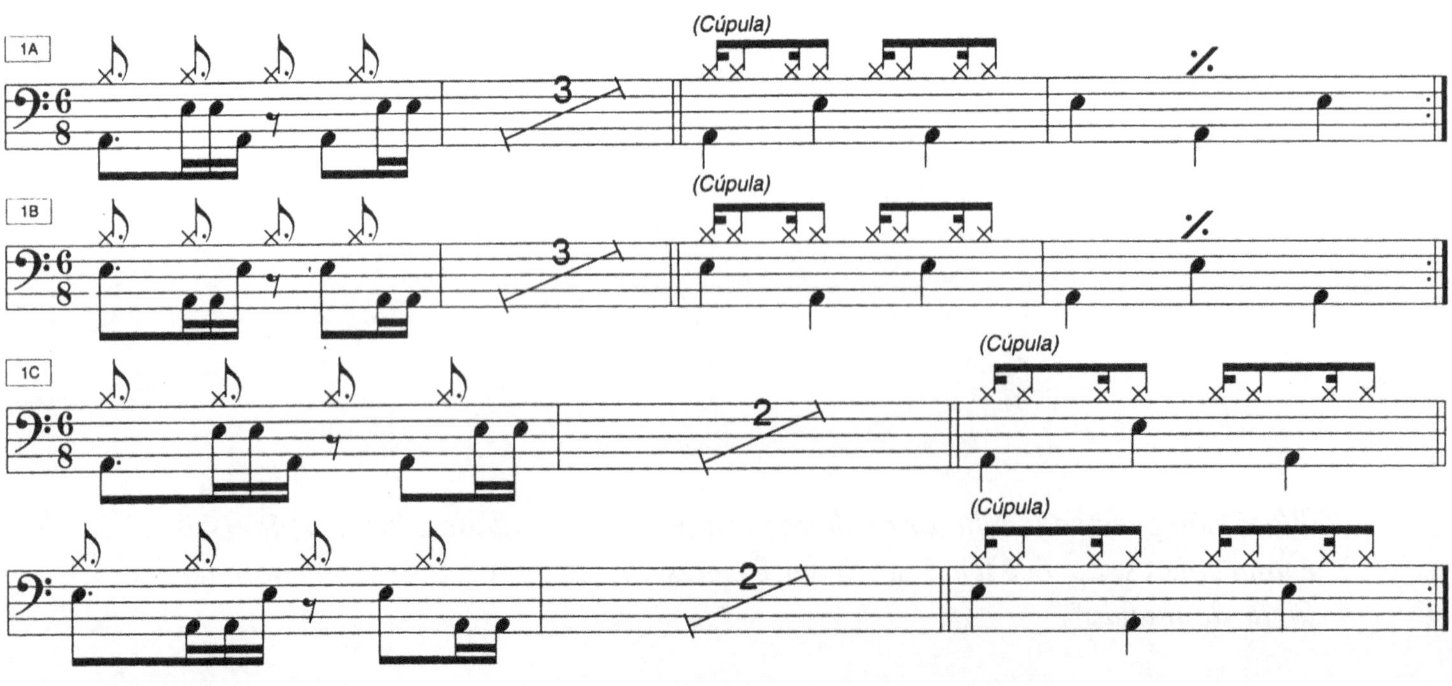

2A
(Cúpula)
3
2B
(Cúpula)
3
2C
(Cúpula)
2
(Cúpula)
2
3A
(Cúpula)
3
3B
(Cúpula)
3
3C
(Cúpula)
2
(Cúpula)
2
4A
(Cúpula)
3
4B
(Cúpula)
3
4C
(Cúpula)
2
(Cúpula)
2

5A
(Cúpula)
3
5B
(Cúpula)
3
5C
(Cúpula)
2
(Cúpula)
2
6A
(Cúpula)
3
6B
(Cúpula)
3
6C
(Cúpula)
2
(Cúpula)
2
7A
(Cúpula)
3
7B
(Cúpula)
3
7C
(Cúpula)
2
(Cúpula)
2

8A
(Cúpula)
3
8B
(Cúpula)
3
8C
(Cúpula)
2
(Cúpula)
2
9A
(Cúpula)
3
9B
(Cúpula)
3
9C
(Cúpula)
2
(Cúpula)
2
10A
(Cúpula)
3
10B
(Cúpula)
3
10C
(Cúpula)
2
(Cúpula)
2

11A
(Cúpula)
11B
(Cúpula)
11C
(Cúpula)
(Cúpula)
12A
(Cúpula)
12B
(Cúpula)
12C
(Cúpula)
(Cúpula)
13A
(Cúpula)
13B
(Cúpula)
13C
(Cúpula)
(Cúpula)

14A
(Cúpula)
3
14B
(Cúpula)
3
14C
(Cúpula)
2
(Cúpula)
2
15A
(Cúpula)
3
15B
(Cúpula)
3
15C
(Cúpula)
2
(Cúpula)
2
16A
(Cúpula)
3
16B
(Cúpula)
3
16C
(Cúpula)
2
(Cúpula)
2

17A
(Cúpula)
3
17B
(Cúpula)
3
17C
2
(Cúpula)
2
(Cúpula)
18A
(Cúpula)
3
18B
(Cúpula)
3
18C
2
(Cúpula)
2
(Cúpula)
19A
(Cúpula)
3
19B
(Cúpula)
3
19C
2
(Cúpula)
2
(Cúpula)

O *Set* de Rui Motta

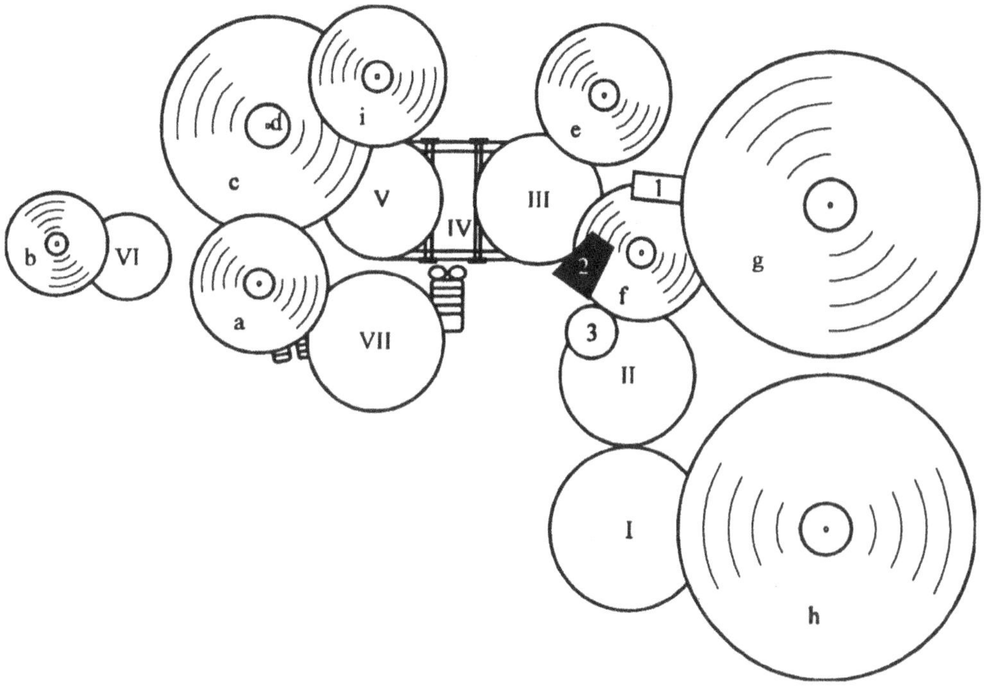

a - Contratempo de 13"
b - Prato *Splash* de 8"
c - Prato *Flat* de 16"
d - Cúpula de um prato antigo, presa separadamente do prato de baixo
e - Prato *Crash* de 14"
f - Contratempo fechado de 13"
g - Prato *Ping-Ride* de 20"
h - Prato *China-Type* de 20"
i - Prato *Splash* de 12"

1 - *Temple Block*
2 - *Cow Bell*
3 - Tamborim

I - Surdo de 16"
II - Surdo de 13"
III - Tom Tom de 12"
IV - Bumbo de 22"com pedal duplo
V - Tom Tom de 10"
VI - Tom Tom de 8"
VII - Caixa de 14"

PARTE 3

Polirritmia

"Buddy Rich ainda é um dos principais mestres da bateria".

Phil Collins

Comentários e Objetivos

Daqui até o final deste livro procuraremos atingir um domínio mais amplo das possibilidades de execução da bateria, por intermédio da prática do descondicionamento motor.

Este é um dos objetivos dos exercícios de Ambidestria em Ritmos Brasileiros, Variações para o Contratempo e Variações para Prato.

Polirritmia e Ambidestria

A Polirritmia é a união de dois ou mais ritmos independentes tocados simultaneamente. Através da Polirritmia conseguimos combinações rítmicas ricas e complexas.

A Ambidestria é a capacidade de se utilizar as duas mãos com a mesma facilidade para funções iguais. O estudo da Ambidestria proporciona ao baterista mobilidade para a mão esquerda (para os destros) e, com isso, autoconfiança por estar melhorando a execução do instrumento.

Não se pretende com os exercícios de Ambidestria dar à mão esquerda condições para substituir a direita, no seu papel de condução do ritmo no Prato ou no Contratempo.

A idéia destes exercícios é aumentar a rapidez de inter-comunicação das mãos, através da troca repentina das funções de cada uma.

Com isso, além do aumento da velocidade da resposta dos reflexos, haverá um melhor desempenho da mão esquerda, para que possa exercer em alguns momentos o papel principal na organização de um ritmo, e não somente o de coadjuvante da mão direita.

A Polirritmia e a Ambidestria não são necessariamente inseparáveis, mas a união das duas traz benefícios indiscutíveis ao desempenho do baterista.

Ambidestria em Ritmos Brasileiros

Agora estudaremos a Ambidestria com motivos tipicamente brasileiros tais como o maracatú, o afoxé, o samba e o baião. Os exercícios a seguir, serão apresentados em dezesseis compassos.

Trataremos da Ambidestria usando a troca dos motivos independentes que fazem entre si o Prato e a Caixa a partir do nono compasso.

Por apresentarem características de mudança e tamanho, estes exercícios serão úteis também para treinar sua fluência rítmica e motora.

Andamento: de 100 a 112 bpm por Semínima (♩ = 100/112).

O Contratempo tocado com o pé faz a marcação das Semínimas, porém, sua notação não aparece na pauta.

Para facilitar a tomada dos movimentos de cada exercício, sugiro a seguinte rotina, tomando como exemplo, o exercício número 1:

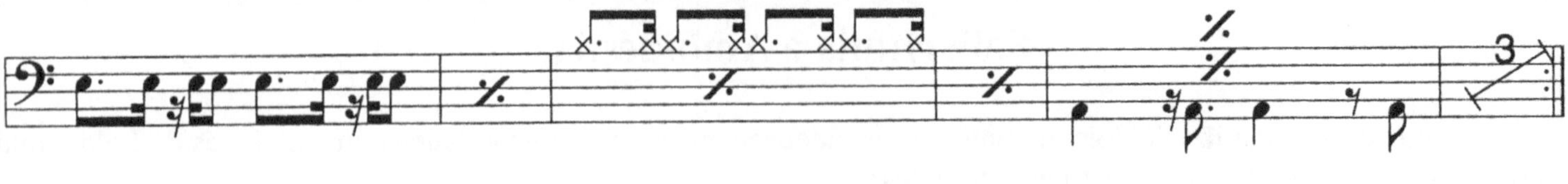

Exercite assim:

1. Primeiro motivo com Prato e Bumbo

2. Segundo motivo com Prato e Bumbo

3. Primeiro motivo com Caixa e Bumbo

4. Segundo motivo com Caixa e Bumbo

Exercícios

1

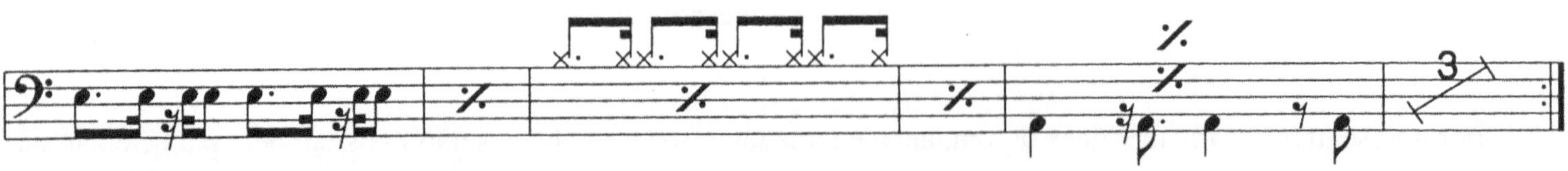

2

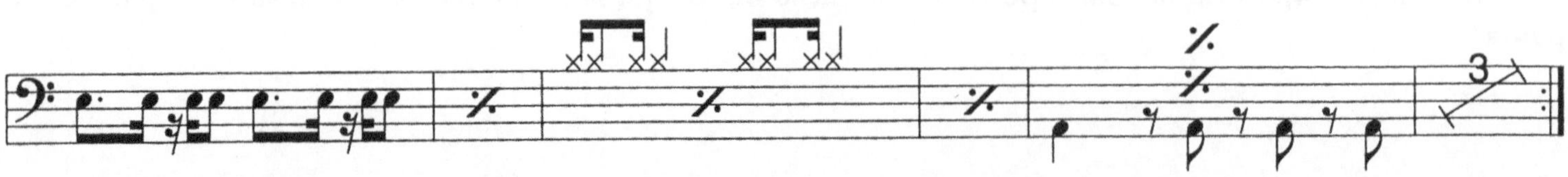

3
4
5
6
7
8

9
10
11
12
13
14

15
16
17
18
19
20

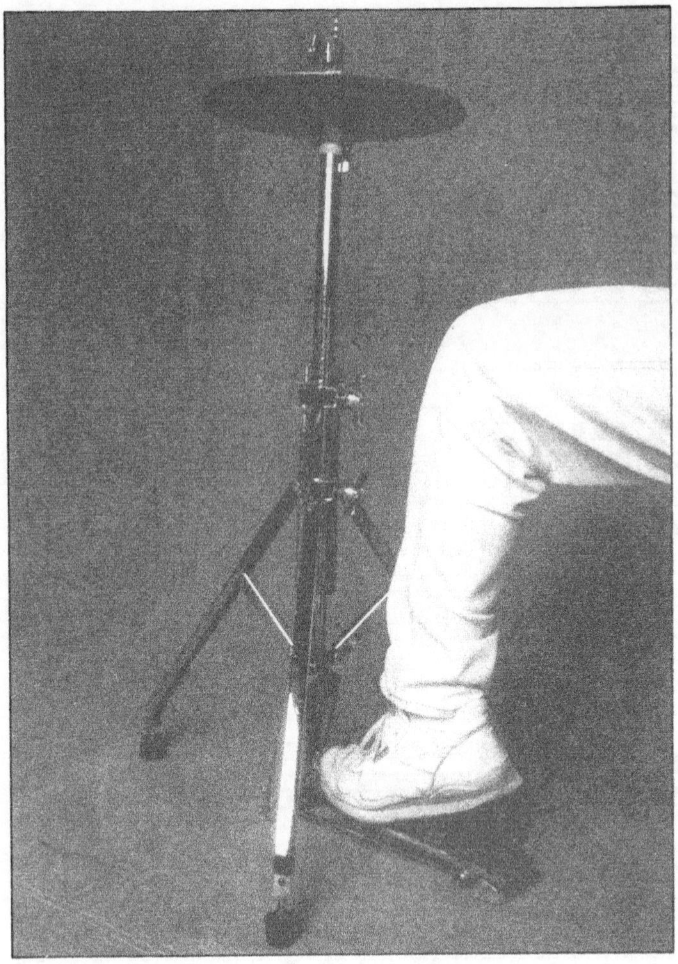

Detalhe da posição do pé esquerdo (direito para os canhotos), a fim de se obter maior volume e rapidez

Detalhe da posição normal do pé esquerdo

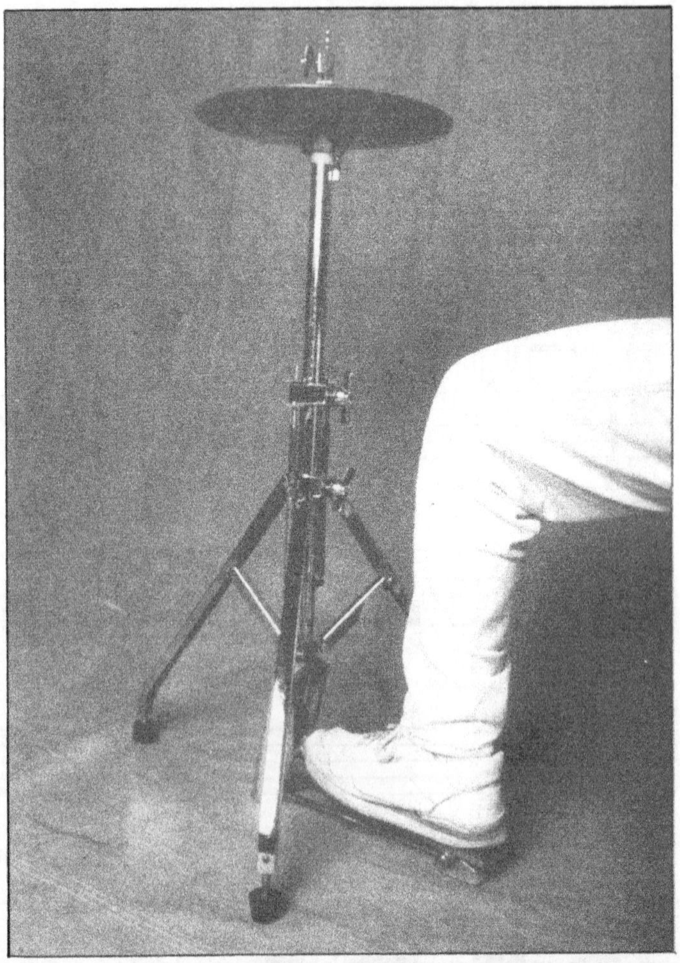

Variações para Contratempo (*Fusion*)

Fusion é o termo utilizado para definir a fusão dos ritmos *rock* e *jazz*. Esta mistura está presente nos exercícios que seguem até o final do livro, contando ainda com o sotaque rítmico do *funk*.

A finalidade desta série de exercícios é valorizar o Contratempo como instrumento independente, quando tocado com o pé.

As variações do Contratempo quando tocadas com as batidas, passam a funcionar como vozes paralelas. Este efeito é causado pelo seu ciclo de pulsação que se completa a cada três compassos nos exercícios em 4/4. No 3/4 este ciclo se completa a cada quatro, dois e um compasso.

O exemplo a seguir demonstra como funcionam estes ciclos:

Variação 1: 3/4 em 4/4

Variação 2: 6/8 em 4/4

Variação 3: 12/16 em 4/4

Variação 4: 4/4 em 3/4

Variação 5: 2/4 em 3/4

Variação 6: 12/16 em 3/4

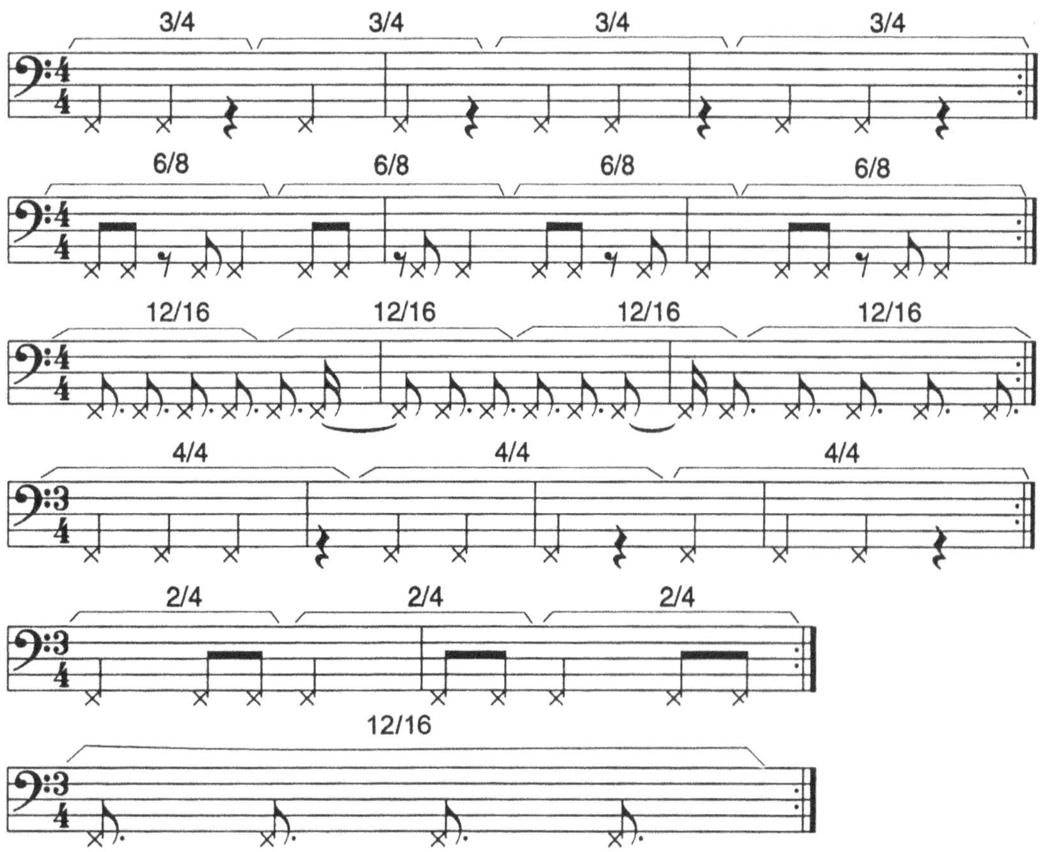

Andamento: 108 a 120 bpm por Semínima (♩ = 108/120).

O Prato de Condução que é tocado em Semínimas em todos os exercícios, não está escrito na pauta para simplificar e descongestionar a notação.

A ligadura que une duas notas indica que deve ser produzido somente o som da primeira mais o valor da segunda, que não deve ser percutida.

As figuras da Caixa entre parênteses são as de apoio e devem ser percutidas com menor intensidade.

Atenção para a dinâmica das figuras da Caixa. Explore a diferenciação de volumes entre elas.

Variação 1

3/4 em 4/4

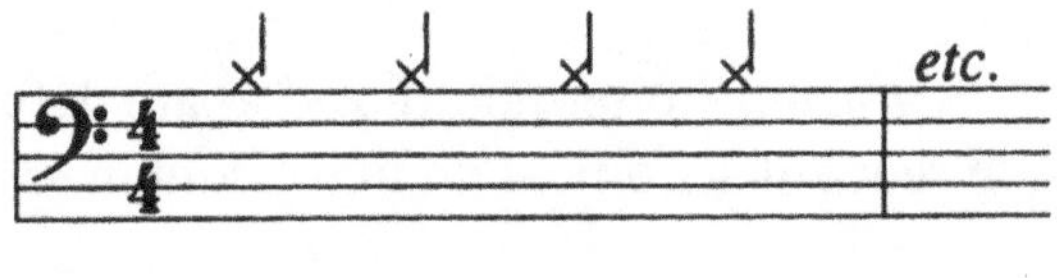

Variação 2

6/8 em 4/4

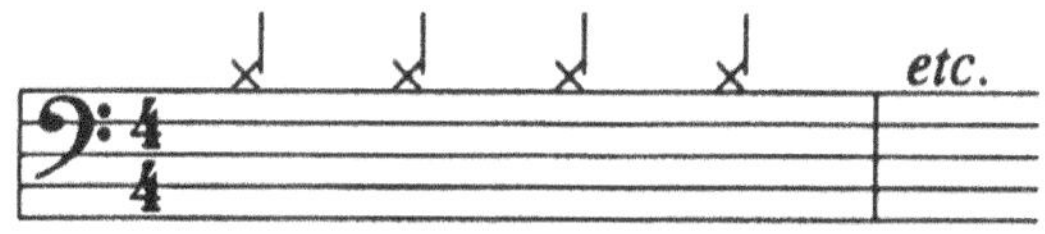

Variação 3

12/16 em 4/4

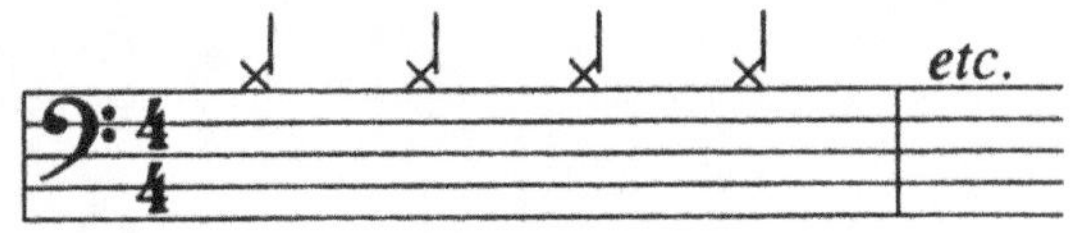

Variação 4

4/4 em 3/4

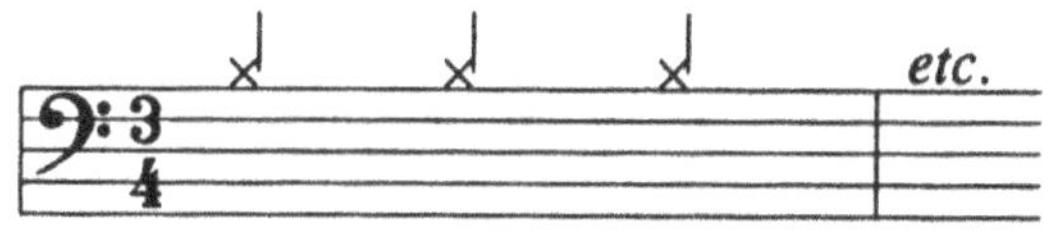

Variação 5

2/4 em 3/4

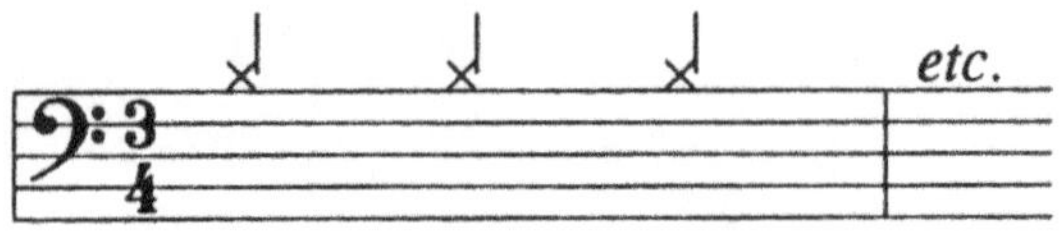

Variação 6

12/16 em 3/4

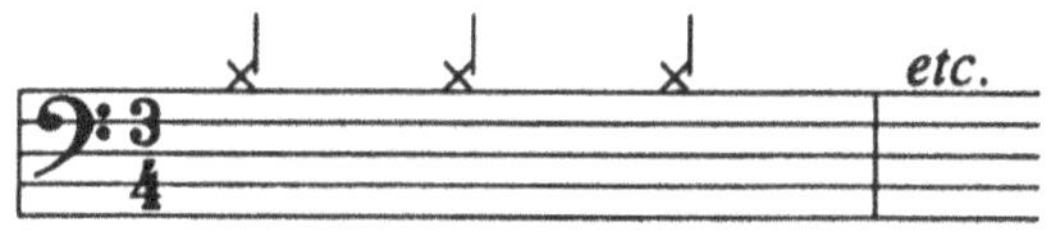

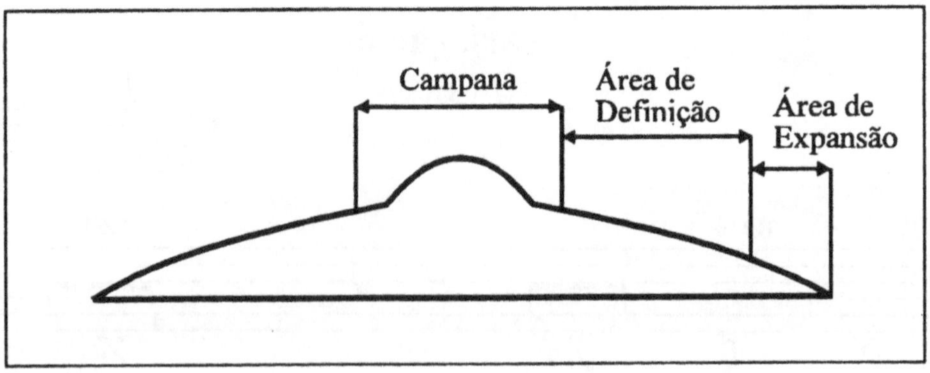

Para obtermos um som mais limpo e pontuado do Prato usaremos sua área de definição, tocada com a ponta da baqueta. À medida em que nos aproximarmos de sua borda, a tendência será de mascarar o *Ping*, mais adequado ao acompanhamento, a não ser que se queira propositalmente um efeito expansivo do som.

Estes são os Pratos de Bateria mais utilizados:

1. Pratos de Condução (*Ride*) - Normalmente de 18" a 22" de diâmetro e pode atingir até 24". São usados na condução do ritmo. Os tipos mais comuns são: o *Ride* (normal), *Medium Ride* (som mais definido), *Heavy Ride*, *Power Ride*, *Flat Ride* (sem cúpula), *Ping Ride* (tonalidade alta) e *Mini-Cup Ride* (poucos harmônicos).

2. Pratos de Acento (*Crash*) - Variam de 14" a 20" de diâmetro. Utilizados nas acentuações ritmicas. Os tipos mais comuns são: *Crash*, *Thin Crash* (fino e rápido), *Medium Crash*, *Heavy Crash*, *Rock Crash* e *Dark Crash* (som profundo e brilhante).

3. Pratos de Efeito - Utilizados para "colorir" determinadas passagens musicais. Os tipos mais utilizados são: *Splash* (de 6" a 12"), *Sizzle* (com rebites) e *China Type* (som exótico).

Variações para Prato (*Fusion*)

Nesta série de exercícios as Variações 1 e 2 fecham o Ciclo de Pulsação compasso a compasso, como mostram os exemplos abaixo:

Variação 1

Variação 2

Somente a Variação 3 (12/16 em 4/4) é que completa o Ciclo de Pulsação em três compassos:

Variação 3 - 12/16 em 4/4

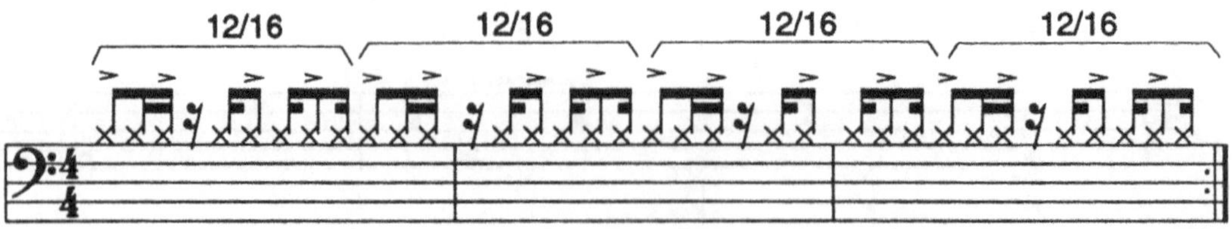

Andamento: 100 bpm por Semínima (♩ = 100).

O Contratempo tocado com o pé executa as Semínimas e não está escrito na pauta.

Atenção para a dinâmica das figuras da Caixa. Explore a diferença de volume entre elas.

Variação 1

Variação 2

Variação 3

12/16 em 4/4

Variação 3 (continuação)

12/16 em 3/4